JN495741

붓다의 마음이 되는 명상법

로종

붓다의 마음이 되는 명상법_로종
초판발행 2024년 5월 20일
지은이 | 라마 글렌(Lama Glenn)
번　역 | 조원희
펴낸이 | 박찬우
편집인 | 우　현

펴낸곳 | 파랑새미디어
등록번호 | 제313-2006-000085호
전화 | 02-333-8311
팩시밀리 | 02-333-8326
이메일 | adam3838@naver.com

ⓒ라마 글렌 멀린 Printed in Seoul

값 14,000원
ISBN 979-11-5721-192-0 13220

붓다의 마음이 되는 명상법

로종

LOJONG

라마 글렌 로종 법문집

Lama Glenn

차례

5장. 한 생애 동안 지속되는 수행의 원칙_네 번째 요점

6장. 수행의 진전을 알리는 증표_다섯 번째 요점

7장. 마음 훈련에 대한 지침_여섯 번째 요점

8장. 대승의 마음 훈련에 대한 일반적 조언_일곱 번째 요점

서문

티베트 불교의 모든 학파에서 가장 인기 있는 불교 공부와 수행의 접근방법 중 하나는 '로종 돈둔마'로 알려져 있는 법맥입니다. 이 용어는 흔히 '일곱 요점 마음 수련'으로 번역되는데, 여기에서 마음 수련이라 함은 '마음의 전환'을 의미합니다. 이는 즉, 이 가르침이 범부인 수행자의 마음을 붓다의 마음으로 전환하는 힘을 갖고 있다는 뜻입니다. 달라이 라마 성하의 말씀에 따르면 이 성스러운 전통은 석가모니 붓다의 가르침의 정수精髓로, 인도의 가장 저명한 두 스승인 성인 나가르주나와 아상가를 통해 전해졌다고 합니다.

지난 수년간 저는 한국을 자주 방문하여 불법을 가르쳐왔습니다. 이 명상 법맥은 다양한 법문 시리즈의 일환이었지만 안거 때에도 진행했을 만큼 여러 차례에 걸쳐 가르침이 이뤄졌습니다. 저는 1972년부터 1992년까지 인도와 네팔에서 티베트 불교를 공부했고, 저의 주된 스승은 달라이 라마와 달라이 라마의 스승이셨던 갑제 링 린포체와 갑제 트리장 도르제창입니다. 제가 불교를 공부하던 당시 달라이 라마께서는 게쉐 나왕 달게(Geshey Ngawang Dhargye)와 게쉐 랍텐(Geshey Rabten) 등의 라마들에게

서양 학생들을 가르치는 임무를 주었는데, 라마 툽텐 예세와 라마 조파는 저의 영적인 삶에 중요한 역할을 한 스승들입니다.

1980년대 달라이 라마의 두 스승이셨던 캅제 링 린포체와 캅제 트리장 도르제창이 입적하신 후 저는 덴마 롭추 린포체(Denma Lobchu Rinpoche), 첸샵 시르캄 툴쿠(Tsenshab Sirkham Tulku), 두붐 툴쿠(Doboom Tulku), 암촉 툴쿠(Amchok Tulku), 촘쩨 타시 왕걀(Chomdzey Tashi Wangyal)을 스승으로 모셨습니다. 이들 라마들은 모두 겔룩파에 속한 분들이었고, 제 마음속에서는 항상 살아있는 붓다들입니다. 과거, 현재, 미래의 모든 붓다들과 보살들의 깨달음의 성품을 두루 갖춘 화현으로 저는 그분들이 손에 금빛 바즈라(금강저)를 들고 있는 깨달은 분들임을 확신합니다.

티베트 불교의 겔룩파 외에 저는 샤카 텐진 린포체(Sakya Trizin Rinpoche), 드리쿵 체창 린포체(Drikung Chetsang Rinpoche), 전생의 딜고 켄체 린포체(Dilgo Khyentsey Rinpoche), 전생의 칼루 린포체(Kalu Rinpoche), 이전 캄튤 린포체(Khamtrul Rinpoche), 전생의 응악파 캄튤 예세 도르제(Ngakpa Khamtrul Yeshe Dorje) 등 다른 종파의 라마들에게도 법을 전수받았고, 일본 조동종의 사부야산(Sabuyashan) 선사, 임제종의 후쿠시마(Fukushima) 선사를 비롯해 위파사나 스승인 고엥카(Goenka), 태국 불교의 스승인 부다다사(Buddhadasa) 등 다른 불교 국가의 스승들에게도 가르침을 받았습니다.

제게 어느 정도 불법(Dharma)의 소양이 있다면 그것은 모두 이러한 위대한 스승들의 전수와 지도 덕분입니다. 그분들께서는 제가 감히 갚을 수도 없을 만큼 커다란 가르침과 친절을 베푸셨습니다. 지난 수십 년간 세계를 돌며 불법을 가르쳐온 것이 그나마 제 스승들의 친절에 대한 작은 보답이 되었으면 하는 바람입니다.

제가 한국에서 불법을 가르치게 된 계기는 한국에서 출가해 16년간 승려 생활을 했던 재미교포 출신 제자인 청월의 초대였습니다. 인도와 히말라야 불교와 인연이 깊은 그는 일제 치하 때 사라져버린 신라 불교의 통합주의적 성격을 되살려야 한다며 제게 한국에서 로종(마음 훈련), 람림, 탄트라에 대한 법문을 해달라고 여러 차례 요청했습니다. 그 후 매년 한국을 방문하여 여러 명상센터와 사찰을 비롯해 동국대학교 국제 선 센터 등에서 티베트 불교의 명상법을 가르쳐왔고 로종 관련의 안거를 이끌기도 했습니다.

1989년 미국에서 청월과 함께 제 법문의 통역을 도와주었던 조원희 또한 헌신적인 불교 수행자로서 '일곱 요점 마음 수련'에 관한 대부분의 통역을 비롯해 그 내용을 디지털로 저장해 글로 옮기는 수고로움도 마다하지 않고 도움을 주었습니다. 그 외에 제가 한국에서 법문했던 많은 녹음 파일들을 끈기 있게 듣고 일부 필사본을 한 권의 책으로 엮어준 제자 류가미와 그것을 한국 독자들이 더욱 쉽게 접할 수 있도록 대중적인 표현과 문체로 수정하고 편집해 출판할 수 있도록 도와준 작가이자 편집자인 함영의 노고와 숭고한 노력에 깊이 감사드립니다. 또한 바쁜 시간을 기꺼이 할애하여 이 책의 내용과 용어가 잘못됨이 없도록 도와준 지오 스님과 아찰라님, 청월 그리고 이 책이 출간될 수 있도록 후원해 주신 보광스님 등 여러 분들과 출판 관계자에게도 감사의 마음을 전합니다. 이 출판물이 수십 년에 걸쳐 한국의 정신적 구도자들에게 커다란 정신적 이득과 즐거움을 가져다주기를 기도합니다.

글렌 멀린
2024년 봄

들어가면서

깨달음에 이르는 티베트 불교의 전통들

티베트 불교 내에는 열 개가 넘는 종파와 분파가 있다. 이러한 종파와 분파들은 서로 교류하지 않고 개별적으로 발달해왔다. 사실 티베트는 큰 나라였고 산악지대라는 지리적 여건 때문에 교류하는 것이 쉽지 않았다. 1950년 중국이 티베트를 침공하기 전까지 티베트는 지금의 서유럽처럼 2백 개가 넘는 작은 왕국들로 이뤄진 연합 국가였다. 인구도 희박해서 그 당시 티베트에는 6~7백만 명의 사람들이 살았고, 그들의 대부분은 해발 6천 미터가 넘는 하늘과 가까운 고원에서 생활했다. 오늘날 세계가 인정할 만큼 티베트 사람들이 불교와 깨달음의 전통에 헌신할 수 있었던 것은 이러한 여건 때문인지도 모른다.

티베트 불교는 크게 5대 종파로 분류할 수 있는데, 그중 가장 큰 세력은 달라이 라마와 판첸 라마의 종파인 겔룩파이다. 두 번째로 큰 종파인 닝마파는 다른 종파보다 먼저 성립되었지만, 훨씬 느슨한 조직을 가지고 있다. 가령 서로 독립적인 사원과 수도원이 존재할 뿐 공식적인 수장이 없다는 점이 그러하다. 사캬파와 카규파는 규모 면에서 비슷한데, 카규파는 작은 분파들로 나뉘어 있어 그 안에 드리쿵, 드룩파, 카르마 등 많은 분파가 존재한다. 마지막으로 5개의 종파 중 세력이 가장 작은 뵌교가 있는데, 국제사회에서 뵌교는 티베트 불교의 종파로 거의 인정받지 못하고 있다.

이러한 5개 종파 외에도 잘루(Zhalu), 조낭(Jonang), 지제(Zhijey), 샹파(Shangpa) 등의 보다 작은 종파들이 존재한다. 이들 종파들은 각각 고대의 인도, 네팔, 카슈미르에서 온 수백 개의 법맥들로 구성되어 있다. 티베트 불교의 독특한 점은 이 같은 각각의 법맥들이 깨달음에 이르는 완전한 방법을 계승하고 있다는 것이다. 대부분의 라마들은 자신이 이어받은 법맥들의 가르침을 통합해 일상에서 실천해갈 수 있는 수행 체계를 만들었다. 때로는 열 개가 넘는 법맥들의 가르침을 통합해 자신의 수행으로 삼는 경우도 있다.

각각의 법맥들은 람림(Lam Rim), 로종(Lojong), 나로파의 여섯 요가(Six Yogas of Naropa), 족첸(Dzogchen), 마하무드라(Mahamudra)처럼 고유한 명칭들을 가지고 있는데, 이 책에 소개한 내용은 로종(마음 훈련)으로 알려진 법맥들 중 하나이다. 로종은 벵갈 출신의 아티샤 디팜카라 쉬리즈나나(Atisha Dipamkara Srijnana)가 1042년에 티베트로 가져온 법맥인데, 티베트 사람들은 그를 '위대하고 영광스러운 스승 아티샤'라는 의미에서 "조우 팔덴 아티샤(Jowo Palden Atisha)"라고 불렀다. 이 로종의 법맥은 수백 년 동안 많은 세대들을 거쳐 점차로 티베트 불교의 모든 종파에 퍼졌다. 그렇기 때문에 로종은 오늘날 모든 종파와 분파의 기초가 되는 수행이라고 할 수 있다.

소수의 제자들에게만 전수한 법맥, 로종

아티샤가 살던 당시 인도네시아는 대승불교에 있어 매우 중요한 지역이었다. 로종을 전수하는 데 있어 인도네시아의 한 승려가 특별히 중요한 역할을 했는데, 그가 바로 티베트 사람들이 "셀링파 쵸드락(Serlingpa Chodrak)"이라고 부르는 다르마키르티(Dharmakirti)였다. 셀링파 쵸드락은 인도에서 몇 년 동안 공부한 후 자신의 고향인 인도네시아로 돌아가 제자들을 가르치는 데 여생을 바쳤다. 한편 비크라마실라 불교대학에 있던 아티샤는 이 위대한 스승에 대한 소문을 듣고 인도네시아에 있는 셀링파 쵸드락을 찾아가 그의 밑에서 12년간을 공부했다. 이 책에 수록된 두 가지의 로종 원문들은 그때 당시 셀링파 쵸드락이 아티샤에게 전한 가르침을 바탕으로 한 것이다.

셀링파 쵸드락을 스승으로 모시고 공부를 마친 아티샤는 인도로 돌아와 날란다 대학에 머물렀는데, 그 무렵 그는 티베트로부터 티베트의 불교를 회복시켜 달라는 부탁을 받게 된다. 당시 티베트는 9세기 말에서 10세기 초에 있었던 내전으로 국력이 많이 약해져 있었다. 티베트의 초청을 받아들인 아티샤는 여생을 티베트에서 보냈고, 그때의 가르침은 티베트 불교의 모든 종파에 커다란 영향을 남겼다. 그는 8세기 무렵 닝마파를 세운 인도인 스승 파드마삼바바와 14세기에 겔룩파를 창건한 티베트인 스승 총카파와 더불어 티베트 역사상 가장 존경받는 스승이 되었다.

아티샤는 두 개의 법맥을 전수해주는 것으로 유명했는데, 그 첫 번째 법맥은 '람림'으로 아티샤는 이것을 공개적으로 전수해줬다. 한편 아티샤가 소수의 제자들에게만 전수한 법맥이 있었는데, 그것이 바로 '로종'이다. 사실 람림의 전통은 붓다의 경전들에서 추출된 것으로 대중들을 위한 가르침인 반면 로종은 '궁극적 보리심'과 '상대적인 보리심'이라는 두 가지 핵심 요소에 초점을 맞추고 있는 전통이다. 로종에서 말하는 궁극적인 보리심이란 공에 대한 붓다의 가르침이고, 상대적인 보리심이란 보살의 마음을 일으키는 붓다의 가르침을 뜻한다.

인도 불교의 전통을 바탕으로 한 로종의 가르침은 아티샤가 히말라야 지역으로 가져온 11세기 이후부터 고스란히 유지되어 왔다. 과거에 그랬던 것처럼 로종은 오늘날에도 많은 이들에게 영향을 주고 있다. 달라이 라마는 로종을 주제로 수백 번의 법문을 했고, 티베트 불교 내 모든 종파의 라마들은 시간이 날 때마다 제자들에게 로종(마음 훈련)을 가르치고 있다.

다람살라에 머물며 공부한 12년 동안 나 역시 로종을 여러 번 전수받았다. 달라이 라마에게 몇 차례 전수를 받았고, 사캬파의 수장인 샤카 텐진과 카르마 카규파의 라마인 전생의 칼루 린포체에게도 전수받은 적이 있다. 달라이 라마로부터 다람살라에 있는 서양인 학생들을 가르치는 임무를 받았던 게쉐 나왕 달규(Geshey Ngawang Dargye)와 게쉐 랍텐(Geshey Rabten)에게서는 로종의 심층적인 내용을 전수받기도 했다. 그후 나는 1대 달라이 라마가 쓰신 두 개의 '마음을 훈련하는 일곱 요점' 주석서를 영어로 번역하게 되었는데, 그중 하나는 〈대승의 마음 훈련〉이라는 이름으로 출판되었고(2012년 하얀연꽃 출판), 분량이 짧은 두 번째 주석서는 1대 달라이 라마의 생애와 가르침을 다룬 〈1대 달라이 라마의 선집: 경학과 탄트라 사이에 다리를 놓다(Selected Works of the Dalai Lama I: Bridging the Sutras and Tantras)〉'라는 책에 수록되어 있다.

티베트 불교의 다양한 종파는 로종을 전수하는 데 있어 각기 다른 수많은 방식을 유지하고 있는데, 그중 하나가 〈로종 걀차(Lojong Gyatsa)〉라고 불리는 선집(anthology)으로 그 뜻을 번역하면 '로종 전수의 모음집' 정도가 된다. 그러나 티베트 라마들에게 로종에 대해 언급한다면 그들을 대개 '마음을 훈련하는 일곱 가지 요점'과 '여덟 구절 마음 훈련'을 떠올릴 것이다. 아티샤가 살던 시절에 로종은 스승이 제자에게 두 가지 로종 원문 중 하나를 전수해주는 것으로 이뤄졌다. 이러한 원문 중 하나가 바로 '마음을 훈련하는 일곱 가지 요점(로종 돈 둔마Lojong Don Dunma)'이고, 다른 하나는 '여덟 구절의 마음 훈련(로종 칙 겜마Lojong Tsig Gyema)'이다. 이 책에서는 두 가지 로종 원문 중에서 '마음을 훈련하는 일곱 가지 요점'을 해설과 함께 소개했다.

LOJONG

1장

위대한 마음 훈련법 로종과 스승 아티샤

스승의 특별한 의미

금강승(바즈라야나)의 문헌들은 보통 붓다와 보살(보디사트바), 스승에게 존경을 표하는 것으로 시작한다. 여기에 소개하는 원문은 아티샤로부터 구두로 내려온 전수를 게세 체가와(dGe–bshes 'Chad–kha–ba)가 기록하고 1대 달라이 라마가 편집한 것인데 이 또한 그러한 전통을 따르고 있다. 금강승에서는 스승을 각별히 중요시하는데, 그 이유는 스승을 붓다, 다르마, 상가인 삼보를 한 몸에 구현한 존재로 생각하기 때문이다.

— ***위대한 영적 스승들께 경의를 표합니다. 그들은 본질상 우리가 명상하는 붓다, 이담(본존)과 다르지 않습니다.***

위 원문의 내용처럼 영적 스승은 본질상 이담과 다르지 않다. 이담은 자신과 각별한 인연이 있는 붓다나 보살 혹은 수호신을 말한다. 금강승에서 수행자는 자신이 이담이 되는 관상을 하는데 이들 붓다, 보살, 수호신 등은 평생 자신이 명상하는 대상이 된다. 한편 붓다와 보살, 스승에게 경의를 표하는 것은 그들을 숭배하는 것과는 다르다. 다른 종교에서는 수행을 한다고 해서 신이 될 수 없지만, 불교에서는 수행을 통해 붓다가 될 수 있고 붓다가 되기를 원하기에 수행을 한다. 그래서 달라이 라마는 "불교가 다른 종교와 다른 점은 우리 자신이 우리가 추구하는 대상이 될 수 있다는 점"이라고 자주 말씀한다.

불교에서는 '칼파(겁)'라는 개념이 있다. 그것은 우주가 시작되어 종말을 맞이하기까지의 장구한 시간을 말한다. 전해져오는 이야기에 따르면 우리는 네 번째 행운의 칼파에 살고 있는데, 이 시기에는 천 명의 붓다들이 나타나 온 우주에 가르침을 펼친다고 한다. 석가모니 붓다는 네 번째 우주적 스승이었다. 그다음으로 나타날 우주적 스승은 마이트레야(미륵)로 티베트어로는 '잠빠'라고 한다. 티베트 라마들은 제자들에게 짬빠라는 법명을 주기 좋아하는데, 그 이유는 아마도 많은 사람이 그만큼 마이트레야 붓다와 인연을 맺기 바라기 때문일 것이다. 개인적으로 내 법명도 마이트레야(Maitreya)이다. 그래서인지 나 역시 마이트레야 붓다를 만나기를 간절히 바라고 있다.

우주적 스승이라는 점에서 볼 때 석가모니는 특별한 사람이다. 그러나 어떤 의미에서 보면 그는 우리와 별반 다를 게 없는 사람이다. 그는 우리처럼 단점과 망상과 한계를 가진 사람이었지만, 우연히 보리심(붓다의 마음)을 얻는 수행에 대해 듣고 깨달음을 얻고 싶다는 결심을 하게 되었다. 다행히 그는 수많은 스승을 만나 깨달음에 이르는 방법들에 대해 배웠다. 우리도 그처럼 좋은 스승들을 만나 열심히 법(Dharma)에 대해 듣고, 그것에 대해 생각하고, 그것에 대해 명상한다면 그처럼 깨달은 사람이 될 수 있다. 그렇기 때문에 우리가 스승에게 존경을 표하는 것은 자기 자신이 가진 깨달음의 잠재성, 다시 말해 자신의 불성에게 존경을 표하는 것이라고 할 수 있다.

깨달음으로 이끄는 작은 수레와 큰 수레

석가모니 붓다는 깨달음에 이르는 팔만 사천 가지의 방법을 가르쳤다. 예언에 따르면 그의 가르침(불법)은 오천 년 동안 지속하며 오백 년마다 변형을 거칠 것이라고 한다. 생전에 석가모니는 출가한 비구들뿐만 아니라

재가자들에게도 가르침을 펼쳤다. 그러나 그의 모든 가르침은 구두로 전수되었기에 붓다가 입멸한 후 그의 가르침을 어떻게 보존하느냐가 문제가 되었다. 아난다를 중심으로 출가한 제자들이 모여 그의 가르침을 정리하여 암송했고, 그 후 그것은 문자로 기록되었다. 기원전 3세기 아쇼카 왕이 지배하던 시기에 그것은 경·율·논 다시 말해 삼장으로 정착되었다.

붓다 사후 오백 년 동안 붓다의 가르침은 승려들을 중심으로 전해져왔다. 이것을 히나야나(소승) 혹은 상좌부 불교라고 한다. 상좌(Sthavira)란 승려들 중 나이 든 어른을 가리키는 말이다. 상좌부 불교는 정서적 장애(번뇌장)을 극복하고 윤회로부터 자유로운 아라하트(아라한)이 되는 것을 목적으로 한다. 다시 말해 그들이 추구하는 것은 개인적인 니르바나(해탈)이다. 그래서 상좌부 불교는 개인을 깨달음으로 실어 나르는 작은 수레라는 뜻에서 '소승(히나야나)'이라고 불린다. 이들은 아라한이 되기 위해 4성제와 8정도를 수행한다. 탱화에서 아라한은 머리를 깎고 가사를 입은 승려의 모습으로 나타나는데, 소승에서는 자비보다 공성을 강조한다. 다시 말해 '나'라는 실체가 없다는 것(무아)을 깨닫는 것을 더욱 중요하게 생각한다.

이후 기원을 전후로 재가자를 중심으로 한 마하야나(대승) 운동이 일어난다. 히나야나가 개인을 깨달음으로 이끄는 작은 수레라는 뜻을 가졌다면, 대승은 많은 사람들을 깨달음으로 이끄는 큰 수레라는 뜻을 가졌다. 대승에서도 상좌부와 마찬가지로 4성제와 8정도를 수행한다. 그리고 이에 덧붙여 6바라밀다를 수행한다. 이러한 대승의 이론적 토대를 만들어준 것이 나가르주나, 바로 용수 보살이다. 나가르주나는 아쇼카의 결집에 포함되지 않은, 다시 말해 경전화되지 않은 붓다의 구두 전수들을 수집하고 정리하고 이론화했다.

히나야나(소승)에서는 경전화되지 않은 붓다의 가르침은 없다고 보지만, 바즈라야나(금강승)를 포함한 대승에서는 이와 다른 입장을 취한다. 이들은 석가모니 붓다 이래로 스승과 제자 사이에 대대로 내려오는 구두의 가르침, 즉 경전화되지 않은 가르침이 있다고 본다. 선가(禪家)에서는 이러한 가르침을 경전 이외의 가르침이라 해서 교외별전(敎外別傳), 문자화되지 않은 가르침이라 해서 불립문자(不立文字), 스승으로부터 제자로 의식의 흐름을 타고 전해진다 해서 이심전심(以心傳心)이라 한다. 한편 티베트에서는 스승에서 제자에게로 가르침의 핵심이 전수되는 것을 맹아(man—ngag)라고 한다. 사실 대승에서 붓다의 핵심적인 가르침은 경전이 아니라 이러한 구두 전수를 통해 이어진다고 본다. 법을 구두로 전수해주는 스승을 특별한 존재로 여기고 섬기는 것은 이 같은 이유 때문이기도 하다.

대승에서 이상으로 삼는 인간상은 '보살'이다. 보살은 모든 존재에게 큰 사랑과 연민을 느끼고 그들을 돕기 위해 깨달음을 얻겠다고 맹세한 존재이다. 그는 자기 혼자만 윤회에서 벗어나 니르바나(해탈)에 머물기를 바라지 않고 모든 존재가 윤회에서 벗어나기를 원한다. 따라서 대승에서는 보살이 되기 위해 자신을 특별히 여기는 태도를 버리고, 모든 존재를 아끼는 보편적인 사랑을 수행한다. 그런 면에서 보살은 일종의 영웅 혹은 용사라고 할 수 있다. 이러한 까닭에 탱화 속에서 보살은 승려의 모습이 아니라 왕관과 보석으로 치장한 왕자와 같은 모습을 하고 있다. 한국 불교는 중국의 영향을 받아 보살이라는 존재를 중생들이 깨달음을 얻을 때까지 자신의 깨달음을 미루는 존재로 알고 있는데, 그것은 잘못된 이해라고 할 수 있다. 왜냐하면 자신이 자유롭지 못한 사람은 다른 사람을 자유로 이끌지 못하기 때문이다. 스스로 깨닫지 못한 사람이 어떻게 다른 사람을 깨달음으로 이끌 수 있겠는가.

한 생에서 깨달음을 얻는 금강승의 출현

기원후 5세기경에는 대승의 한 분파라고 할 수 있는 바즈라야나(금강승)이 나타난다. 바즈라야나는 말 그대로 바즈라(금강)의 수레를 뜻한다. 여기서 바즈라는 다이아몬드를 말하는데, 다이아몬드는 지구상에서 가장 강도 높은 물질이기 때문에 모든 것을 자를 수 있다. 한편 다이아몬드를 파괴할 수는 없다. 다시 말해 바즈라는 어떤 것에도 파괴되지 않는 붓다의 지혜를 상징하며, 바즈라야나는 모든 인지적 왜곡(인지적 장애-소지장)과 부정적 감정(정서적 장애-번뇌장)을 잘라내는 아주 통렬하고 강력한 수행이라고 할 수 있다. 그래서 바즈라야나를 수행하면 한 생애에 깨달음을 얻을 수 있다고 한다.

바즈라야나에서는 4성제와 8정도, 6바라밀다 수행을 바탕으로 탄트라 수행을 한다. 소승에서는 아라하트가, 대승에서는 보살이 되고자 한다면 금강승에서는 마하싯다가 되는 것을 추구한다. 마하싯다(Mahasidha)는 큰 성취를 이룬 존재라는 뜻으로 비밀스런 수행을 통해 특별한 지혜와 힘을 성취한 스승을 가리킨다. 탱화에서 마하싯다는 보통 뼈로 된 장신구들을 하고 호랑이 가죽으로 만든 치마를 입고 해골 컵을 든 채 배우자와 함께 있는 모습으로 나타난다.

상좌부(히나야나), 대승(마하야나), 금강승(바즈라야나)을 모두 합쳐 삼승(트리야나)이라고 하는데, 상좌부가 바탕이 되지 않고서는 대승이 성립되지 않고 대승을 바탕으로 하지 않고는 금강승이 불가능하다. 따라서 이들은 서로 배척 관계에 있는 것이 아니라 불법을 이루는 세 가지 축이라고 할 수 있다.

그렇다면 금강승이 출현한 뒤 오백 년 후에는 어떠한 일이 일어났을까? 10세기경부터 이슬람이 인도를 침공하면서 불교는 다른 나라로 퍼져나간다. 바다의 실크로드를 타고 불교는 스리랑카, 인도네시아, 캄보디아, 미얀마, 남중국에서 번성하게 되는데, 11세기 초에 인도네시아는 불교의 중심지였다. 이 시기에 활동했던 이가 바로 아티샤(980-1054)이다. 인도 북부 벵골에서 태어난 그는 인도네시아에서 공부한 후 티베트에서 불교를 가르치면서 티베트 불교에 큰 영향을 미쳤다. 이후 티베트 불교는 육지 실크로드를 타고 서쪽으로는 러시아, 동쪽으로는 몽골과 중국, 한국, 일본에까지 진출하게 된다.

이후 오백 년 뒤인 15세기경 로마 제국이 멸망한 결과로 바다와 육지의 실크로드는 끊기게 된다. 역사상 로마 제국은 인도의 향신료와 중국의 비단을 가장 많이 소비하는 수입국이었다. 향신료와 비단을 수입하는 사람들이 사라지게 되자 그것을 팔러 다니던 대상들도 사라지게 되었다. 그리고 실크로드를 따라 이루어졌던 불교의 국제적 교류도 사라지게 되면서 불교는 차츰 보편적인 성격을 잃게 되고 자국의 문화적 영향을 받아 국수주의적인 성향을 띠게 된다.

20세기로 들어서면서 불교는 또 한 번의 변환기를 맞는데, 1956년은 새로운 오백 년의 시기를 시작하는 해였다. 역사적인 기록상 처음으로 그해 모든 불교 국가의 스승들이 보드가야에서 만났다. 현재 북미에는 사오천 개의 불교 센터가 있고 이들 모두가 서로에게 개방적이지만, 당시 북미에는 아시아 각국에서 이민 온 사람들이 세운 절 외에는 다르마 센터가 없었다. 그리고 그 절들은 폐쇄적이어서 서로 교류하지 않았고, 단지 네다섯 개의 대학만이 불교학 프로그램을 갖고 있었다. 물론 지금은 북미의 거의 모든 큰 대학들이 불교학 프로그램을 운영하고 있다. 한편 그 당시에는 일본인 로시(선사), 티베트인 라마를 제외하고는 북미 백인 출신의 스승은 단 한 명도 없었지만, 지금은 완전한 자격을 갖춘 북미인 스승이 사오백 명에 이른다.

불과 오십 년 전만 해도 한국의 불교 스승들이 티베트나 스리랑카와 같은 다른 불교 국가의 스승들과 만날 수 없었는데, 지난 오십 년 동안 이루어진 국제적 교류에 의해 이제는 각 나라의 불교 법맥들이 이룬 위대한 성취들이 표면에 드러나게 되었다. 이것은 깨달음의 국제적인 경험이라 할 수 있다. 각국의 문화에 영향을 많이 받을수록 불교는 그것이 지닌 본질에 접근하기 어려워지는데 이젠 각 나라의 불교 스승들이 서로 교류하고 다른 나라에 가서 가르치기도 한다. 이러한 국제적인 교류로 인해 더 쉽게 깨달음에 다가갈 수 있기에, 이 같은 경험에 참여한다는 것은 대단한 행운이 아닐 수 없다. 깨달음이 무엇인지, 그것을 어떻게 얻을 수 있는지 보다 명확하게 이해할 수 있게 된 것이다. 이런 측면에서 우리는 정말 멋진 시기에 살고 있다고 생각한다. 역사적으로 볼 때 마음 훈련(로종)의 전통은 이 같은 불교의 국제적인 교류에 의해 태어났으며, 다른 한편으로는 이러한 국제적 교류에 큰 역할을 담당했다.

아티샤와 마음 훈련(로종)의 전통

마음 훈련(로종)의 전통을 티베트에 가져온 이는 아티샤이다. 이 가르침은 본래 붓다로부터 구두로 전수되어온 것인데, 아티샤는 세 명의 깨달은 스승 밑에서 이 가르침을 전수받았다고 한다. 그 첫 번째 스승은 인도인 마이트리요기(Maitriyogi)이고, 두 번째 분은 인도인 다르마키시타(Dharmakisita)였다. 아티샤는 모든 스승을 존경했지만, 세 번째 스승인 수바나드비피 다르마키르티(Suvarnadvipi Dharmakīrti)를 특별히 자신의 주된 스승으로 모셨다고 한다. 티베트 사람들은 아티샤를 통해 다르마키르티를 알게 되었는데 그를 셀링파(Serlingpa)라고 불렀다.

— 감로수 같은 핵심적인 구두 전수의 가르침은 성스러운 셀링파의 법맥이다.

아티샤가 살았던 11세기에는 두 가지의 커다란 법맥이 내려오고 있었다. 하나는 '심오한 지혜의 가르침(the profound wisdom teachings)'이라 불렸고, 다른 하나는 '광활한 보살의 가르침(the vast bodhisattva way of teachings)'이라 불렸다. 심오한 지혜의 가르침은 나가르주나를 시작으로 아리야데바, 찬드라키르티, 산티데바로 내려오는 전통이다. 이 가르침은 공성을 강조하며 중관학파와 관계가 있는 반면, 광활한 보살의 가르침은 마이트리파, 아상가, 바수반두, 다르마키르티로 이어지는 전통으로 자비를 강조하며 유식학파와 관련이 있다.

아티샤는 수많은 법맥과 전통을 결합하고 정리했는데, 그가 중년이 되었을 때 이미 그는 인도에서 생존하는 가장 위대한 스승이었고 벵골 왕국의 비크라마실라(Vikramasila) 불교 대학의 총장이기도 했다. 그런 아티샤가 티베트로 가게 된 데에는 다음과 같은 사연이 있다. 11세기 당시 티베트는 불교 국가이긴 했지만 불교가 쇠퇴한 상태였다. 그래서 티베트 서쪽에 위치한 구게 왕국의 왕인 라마 예세 외(Lha Lama Yeshe Öd)는 그의 땅에 불법의 전통을 되살려 달라고 아티샤에게 요청했다. 그러나 비크라마실라 대학에서 아티샤를 보내는 것을 거절하자, 왕은 자신의 몸무게에 해당하는 금을 모아 공양물로 바치기로 마음먹고 궁 밖으로 나왔다가 도적에게 잡히고 말았다. 도적은 왕의 몸값으로 왕의 몸무게에 해당하는 금을 요구했다. 그때 왕은 자신의 머리를 제외한 몸무게에 해당하는 금을 이미 모아놓은 상태였는데, 전령이 인질로 잡혀있는 왕에게 어떻게 하는 것이 좋겠냐고 묻자, 왕은 "나를 여기 남겨두고 그 금을 인도로 보내라. 금의 양이 내 머리만큼 부족하지만 이미 그 금은 왕의 머리를 지불하고 온 것이라고 전하라"라고 말했다. 그렇게 금을 전해 받은 비크라마실라 대학에서는 왕의 정성에 감동해 아티샤가 티베트로 가는 것을 허락했다.

1042년에 마침내 아티샤는 눈의 나라 티베트로 오게 된다. 이것은 불교 역사상 결정적인 사건이라고 할 수 있다. 왜냐하면 그로부터 이백 년 뒤에 이슬람이 인도 대륙뿐만 아니라 말레이반도와 인도네시아를 점령하고 불교를 말살시켰기 때문이다. 그러나 다행히도 아티샤를 통해 깨달음의 전통이 티베트로 옮겨졌고 그곳에서 꽃필 수 있었다. 물론 스리랑카, 타이, 중국 등지에서도 인도의 깨달음의 전통이 내려오지만, 인도네시아의 깨달음의 전통이 이어지는 곳은 티베트가 유일하다.

원래 아티샤는 티베트에서 삼 년 간만 머물다가 인도로 돌아가기로 약속했지만, 결국 그는 십칠 년 동안의 여생을 티베트에서 보냈다. 그는 라싸 북동쪽에 있는 드라기얼파라는 산에 거처를 두었는데, 그 산은 수백 년 동안 수행자들이 동굴 수행을 하던 신령스러운 곳이다. 아티샤는 산 주변의 동굴에 살면서 여러 다양한 수행자에게 자신의 가르침을 전수했는데, 그때 당시 마하싯다(위대한 성취를 이룬 사람)가 오백 명이나 나왔다고 한다.

아티샤는 '마음 훈련의 일곱 가지 요점'을 가르칠 때 제자들이 그 뜻을 지적으로 이해하는 것이 아니라 수행을 통해 직접 체득할 수 있도록 지도했다고 한다. 보통 아티샤는 제자들에게 가르침의 요점 하나를 전수하면 제자들은 안거에 들어갔고, 그것을 완전히 깨우쳤다는 증거가 나오기 전까지는 안거에서 나오지 않았다. 일반적으로 이런 방식으로 전체적인 가르침을 전수받는 데는 삼사 년이 걸렸다.

아티샤는 이 가르침을 그의 제자인 드롬 톰파(Drom tompa 1005-1064)에게도 전수했는데, 드롬 톰파는 카담파를 창시한 사람이다. 아티샤는 이 가르침을 14대까지 문자화하지 말고 스승이 제자에게 구두로 직접 전수하라고 명령했으며 그의 제자들은 아티샤의 명령에 따랐다. 따라서 이 가르침은 카담파의 스승이었던 게쉐 체가와(1101–1175)에 이르러 마침내 문자로 기록되어 '로종 돈둔마(Lojong dondunma)'로 불렸다. '로'는 마음, '종'은 훈련과 변형이라는 뜻이고 '돈둔마'는 일곱 개의 요점이라는 의미를 가지고 있다. 그러므로 로종 돈둔마는 마음을 훈련하는, 혹은 마음을 변형시키는 일곱 가지 요점이라는 뜻이다.

마음을 훈련한다는 의미

드롬 톰파가 창시하고 게쉐 체가와가 이은 카담파는 티베트의 4대 종파인 닝마파, 카규파, 샤카파, 겔룩파에 큰 영향을 미친다. 이들 4대 종파는 마음을 훈련하는 일곱 가지 요점을 자신의 수행 체계 안에 포함시켰다. 그래서 오늘날 모든 티베트의 종파들은 이것을 수행하고 있다.

게쉐 체가와는 이 가르침을 원문(root text)만을 써서 기록했는데, 그것은 격언으로 된 몇 개의 문장들에 불과하다. 체가와의 로종 가르침은 쫑카파로 이어지고 그것은 다시 1대 달라이 라마로 이어지는데, 1대 달라이 라마는 몇십 개의 격언으로 된 체가와의 로종 원본에 주석을 달았다. 우리가 사용하는 판본이 바로 그것이다. 1대 달라이 라마(1391-1474)는 이 가르침을 '텍첸 로종(Tekchen blo sbyong)'이라고 불렀다. 여기서 텍첸은 대승을 뜻하므로, 텍첸 로종은 '마음을 변형시키는 대승의 가르침' 혹은 '대승의 마음 훈련 정도'로 해석된다.

운이 좋게도 나는 이 가르침을 12년간 명상에 들어 깨달음을 얻은 게쉐 랍댄에게서 전수받았다. 이후 달라이 라마의 스승인 캅제 링 도르제 창에게서 전수받았고, 14대 달라이 라마로부터는 두 번의 가르침을 받았다. 닝마 종파의 종정인 딜고 켄체 린포체로부터도 전수받았는데, 이 가르침은 금강승의 정수라고 할 수 있다. 그렇다면 마음을 훈련한다는 것, 마음을 길들인다는 것은 무엇을 의미할까? 우리는 흔히 사회가 요구하는 착한 사람이 되는 정도로 생각하기 쉽다. 그러나 아티샤에게 이 가르침을 이어받은 드롬 톰파는 "마음을 길들인다는 것은 자주 세상과 반대가 되는 것"이라고 말했다. 그는 이런 말도 했다. "그대가 불법(Dharma)의 길을 알고 싶다면 대부분의 사람이 어떻게 생각하는가를 살펴보고 그 반대로 하라. 그대가 깨달음으로 가는 길을 알고 싶다면 대부분의 사람이 따르는 길이 무엇인지 살펴보고 그 반대 방향으로 가라."

깨닫지 못한 사회에서 우리는 나쁜 것들을 보고 듣고 그것을 습관화한다. 그것은 우리를 깨달음의 길이 아니라 탐욕과 분노와 무지로 이끄는 경우가 훨씬 더 많다. 따라서 마음을 훈련한다는 것은 일반적인 사회적 가치를 배우고 그것을 내면화하는 것이 아니라, 그러한 사회적 가치를 버리는 일에 더 가깝다. 그래서 1대 달라이 라마의 스승이며 겔룩파의 창시자인 쫑카파는 진정으로 깨달음의 길에 이르기 위해 우리는 사회가 어떠한 가치를 중요하게 여기는가가 아니라, 붓다가 무엇을 가르쳤으며 스승들이 그것을 어떻게 수행했는지를 살펴야 한다고 말씀했다. 그러나 이 말은 사회를 적으로 돌리고 규범을 무시하는 무법자가 되라는 의미가 아니다. 산티 데바는 우리에게 이렇게 조언한다. "평상시에는 불법에 따라 수행하라. 그러나 사회 규범이 전적으로 불법과 모순되지 않는 한에서는 너무 갈등을 일으키지는 말라." 우리에게 필요한 것은 이러한 균형 감각이다.

자비의 신경, 미주신경의 활성화

— 이 가르침과 그것에 담긴 본질적인 핵심을 다이아몬드 바즈라, 태양, 약용 나무처럼 보아야 한다. 왜냐하면 이 가르침은 다섯 악이 성행하는 오늘날의 상황[1]을 깨달음을 얻는 수행으로 변형시키기 때문이다.

1대 달라이 라마는 이 가르침과 그것에 담긴 본질적인 핵심을 다이아몬드 바즈라, 태양, 약용 나무처럼 여겨야 한다고 설명한다. 바즈라는 신들이 악마를 제압하기 위한 무기이다. 다이아몬드는 가장 경도가 높은 물질이라 작은 다이아몬드로도 큰 바위를 깰 수 있다. 따라서 이 가르침이 다이아몬드인 바즈라와 같다고 한 것은 모든 부정적인 감정(정서적 장애-번뇌장)과 인지적인 왜곡(인지적 장애-소지장)을 파괴하는 강력한 무기라는 뜻이다.

그렇다면 이 가르침을 태양과 같다고 한 이유는 무얼까? 태양이 뜨면 아주 빠르게 어둠이 물러가듯 이 가르침을 배우면 그와 같이 무명이 사라진다는 의미에서다. 불교에서 태양은 우리가 마땅히 다른 존재들에게 품어야 할 사랑에 대한 비유로 사용된다. 붓다의 가르침의 특징은 우리가 다른 존재를 사랑과 연민(자비)으로 대할 때 그들의 자격을 따지지 않는다는 것이다. 마치 태양이 모든 존재에게 동등하게 빛을 보내고 동등하게 온기를 전해주듯 붓다의 자비는 편파적이지 않다. 태양은 자신의 빛을 받을 사람이 착한 사람인지 나쁜 사람인지를 따지지 않는다. 그런 의미에서 석가모니 붓다는 인류 역사상 처음으로 보편적 사랑이라는 가르침을 전한 사람이라고 할 수 있다.

---

1) 요컨대 말세를 이르는 말. 오탁악세(五濁惡世)는 명탁(命濁), 중생탁(衆生濁), 번뇌탁(煩惱濁), 견탁(見濁), 겁탁(劫濁)의 다섯 가지 더러운 것으로 가득 찬 죄악의 세상을 말한다.

한편 이 가르침은 질병을 치료하는 약용 나무에 비유된다. 그것은 이 가르침을 수행하면 팔만 사천 개의 부정적인 감정(정서적 장애-번뇌장)과 인지적 왜곡(인지적 장애-소지장) 등 마음의 병을 고칠 수 있다는 의미이다. 실제로 이 가르침이 약초처럼 치료 효과를 가지고 있다는 것은 이미 과학적으로 증명된 사실이다. 과거에 하버드, 스탠포드, 위스콘신 대학에서는 명상이 신체에 어떠한 영향을 미치는지 실험을 한 바 있었다. 그들은 위빠사나, 선, 티베트 전통 명상, 사마타 명상이 우리 뇌파에 어떠한 영향을 주는지 연구했고, 에모리 대학에서는 마음 훈련의 두 번째 요점인 자비 명상을 하는 것이 신체의 화학물질에 어떤 변화를 주는지를 연구했다. 그 결과는 매우 놀라웠다. 하루에 한 번 5~10분 동안 자비에 대한 명상을 하는 것만으로도 우리의 몸은 엄청난 변화를 일으켰다. 자비 명상을 시작한 지 6주 만에 미주신경이 두 배로 활성화된 것이다.

미주신경은 뇌신경 중에서 가장 넓게 분포한 신경으로 뇌의 편도체, 갑상샘, 심장, 부신과 연결되어 있다. 편도체는 스트레스와 행복감을 관장하고 갑상샘은 우리 몸의 에너지 수준을 조정한다. 갑상샘의 기능이 약할 때는 기운이 없고 기능이 너무 강할 때는 신경질적으로 된다. 또한 미주신경은 심장박동과 호흡에도 관여하며, 부신은 면역력과 생식에 영향을 미치는 호르몬을 분비한다. 따라서 짧은 자비 명상을 하는 것만으로도 우리의 미주신경은 활성화되어 더욱 활기차지고 행복감을 느끼게 된다. 또한 심장을 비롯한 내장 기관들이 더욱 건강해지고 깊은 호흡과 면역력이 증가되어 건강한 생활을 할 수 있게 된다. 자비로운 마음을 가지면 미주신경이 활성화된다는 사실이 밝혀지면서 미주신경은 '자비의 신경'으로 불리게 되었다.

2장

예비 수행

첫 번째 요점

Ⅰ. 구루 요가

명상과 구루 요가의 의미

— 먼저 예비 단계를 수행하라.

첫 번째 수행에 대한 원문은 이 같은 내용으로 시작한다. 예비 단계는 두 부분으로 나눠질 수 있는데, 첫 번째는 구루 요가를 하는 것이고 두 번째는 네 가지 주제에 대해 숙고하고 삼보에 귀의하는 것이다. 그런데 한국의 수행자들은 명상이라고 하면 대개 참선을 떠올릴 것이다. 말하자면 개념적인 생각을 멈추는 것이 명상이라고 생각하기 쉽다. 그러나 여기에서 명상이라 함은 어떤 주제를 놓고 개념적으로 사색하는 것이다.

석가모니 붓다를 비롯한 나가르주나, 아상가, 바수반두와 같은 인도의 위대한 스승들은 명상을 보다 광범위한 의미로 사용했다. 산스크리트어로 명상은 바바나(Bhavana)라고 하는데 마음을 개발하는 것을 뜻한다. 티베트에서도 명상은 광범위한 의미로 쓰이는데, 티베트어로 곰(sgom)은 바바나에 해당되는 말로 익숙해지다 혹은 친밀해지다라는 의미를 갖고 있다. 요컨대 인도나 티베트에서 명상은 특정한 마음의 상태를 개발하고 그 마음이 계속 그 상태에 머물도록 습관을 들이는 작업이라고 할 수 있다. 그렇기 때문에 명상의 종류는 굉장히 다양하다. 명상은 구루 요가처럼 스승과 정신적인 유대를 쌓는 것일 수도 있고, 죽음이나 무상과 같은 주제에 익숙해지는 과정일 수도 있으며, 통렌처럼 모든 존재에 대한 사랑과 연민을 일으키는 수행일 수도 있다. 또한 사마타처럼 한 대상에 집중함으로서 마음을 안정화하는 수행일 수도 있고, 위파사나처럼 무아나 공에 대한 통찰을 기르는 훈련이 명상이 될 수도 있다.

그렇다면 달라이 라마가 예비 단계의 첫 번째로 꼽은 구루 요가는 어떤 것일까? 사실 구루 요가는 예비 단계에서만 하는 수행이 아니다. 깨달음을 얻을 때까지 우리는 구루 요가를 수행해야 하기 때문이다. 쫑카파는 람림에서 구루 요가는 수행의 시작 단계부터 십지 보살이 되는 경지까지 모든 단계를 아우른다고 했다. 한편 구루는 완전한 자격을 갖춘 영적 스승을 말한다. 티베트어로 구루에 해당되는 말이 바로 '라마'이다. 라마는 종종 승려를 가리키는 말로 사용되지만 원래는 자격을 갖춘 영적 스승을 가리키는 말이다. 예를 들어 달라이 라마는 큰 바다와 같은 스승을 뜻하는 호칭으로, 모든 강물을 받아들이는 바다처럼 모든 좋은 성품을 두루 갖춘 구루라는 의미를 가지고 있다. 여기서 말하는 좋은 성품이란 불성이 현실에서 발현된 것을 뜻한다. 다시 말해 구루는 불성을 우리가 볼 수 있고 느낄 수 있는 구체적인 형태로 표현해 주는 사람이다.

산스크리트어로 카랴나미트라(kalyana–mitra)는 구루를 칭하는 또 다른 말로 영적 친구라는 의미를 가졌다. 다시 말해 구루는 우리가 깨달음으로 나가도록 돕는 친구라는 뜻이다. 영적인 친구는 친한 친구나 가족처럼 매우 친밀한 존재이다. 그래서 개인적으로 나는 구루라는 말보다는 영적 친구라는 말을 더 좋아한다. 영적인 친구는 마음과 마음으로 맺어진 관계로, 이러한 관계를 통해 우리는 더 건설적이고 긍정적이며 더 좋은 사람이 되어야겠다는 영감을 받게 된다.

한편 산스크리트어로 요가(yoga)는 더하다, 묶다, 결합하다라는 뜻을 지녔다. 따라서 구루 요가는 자신을 구루와 결합시키는 수행이라고 할 수 있다. 말하자면 우리는 구루 요가를 통해 자신의 몸과 말, 마음을 구루의 몸과 말, 마음과 하나로 묶게 된다. 여기서 몸은 우리가 행동하는 방식을 뜻하고, 말은 우리가 의사소통하는 방식, 마음은 우리가 생각하고 느끼는 방식을 뜻한다. 다시 말해 우리의 행동 방식, 의사소통의 방식, 생각하고 느끼는 방식을 영적 스승과 동조시키는 것이다. 그렇게 함으로써 스승에게서 발견한 자질들이 바로 우리 안에도 있다는 것을 깨닫게 되고, 그렇게 함으로써 우리는 자신이 갖고 있던 본래의 자질, 즉 불성을 회복하게 된다. 따라서 구루 요가란 스승이 우리에게 보여준 불성을 자신 안에서 찾는 과정이다.

이 같은 과정을 산스크리트어로는 아디쉬타나(adhishthana), 티베트어로는 친랍(byin—rlabs)이라고 한다. 흔히 아디쉬타나와 친랍은 축복이라는 말로 번역된다. 그러나 여기서 말하는 축복은 일반적인 의미의 축복과는 다르다. 보통 축복은 신으로부터 자신을 인정받고 그로 인해 행복을 얻는 것을 뜻하고, 사람들 사이에서는 기뻐하고 축하해주는 것 그리고 미래의 행복을 빌어주는 것을 의미한다. 그러나 여기에서 말하는 축복이란 스승을 통해 더 나은 사람이 되어야겠다는 영감을 받고 자신의 마음(의식의 흐름)에 변형을 이루는 것을 뜻한다.

스승은 다르마 배달부

1대 달라이 라마는 우리가 깨달음을 얻기 위해서는 좋은 스승이 필요하고, 좋은 스승 밑에서 제대로 배우기 위해서는 스승에 대한 바른 자세를 갖추어야 한다고 말씀했다. 그렇다면 스승에 대한 바른 자세는 무엇일까? 그것은 스승을 붓다로 보는 것이다. 그러나 이 말을 그대로 받아들여서 안 된다. 어떤 불교 문헌을 보더라도 깨달은 사람만이 영적 스승이 될 수 있는 것은 아니다. 만약 스승에게 전지전능한 붓다를 기대한다면 그것은 잘못된 생각이다. 스승을 붓다로 본다는 의미는 스승 안에서 불성을 본다는 것이다. 스승을 통해 불성이 현실에서 실현된 모습을 보고, 우리에게도 스승처럼 불성을 실현할 수 있는 가능성이 있다는 것을 아는 것이다.

스승을 붓다로 보라는 것은 상당히 실용적인 조언이다. 우리는 기분에 따라 사람들을 달리 대하게 된다. 같은 사람이라도 기분이 좋을 때면 그 사람을 훌륭하게 평가하고, 기분이 나쁠 때면 그 사람을 나쁘게 평가한다. 또한 우리는 편견으로부터 자유롭지 못하다. 다른 사람들과 관계 맺는 속에서 우리는 편견에 크게 영향을 받는다. 구루를 한 명의 붓다로 인식함으로써 우리는 그러한 편견과 자신의 기분에 따르는 것으로부터 벗어나게 된다. 그러나 스승이 깨닫지 못하고 전지전능하지 못할지라도 우리는 그를 살아있는 붓다로 봐야 한다.

스승은 과거, 현재, 미래의 모든 붓다들보다 친절하다는 말이 있다. 과거의 붓다들은 이미 열반했고, 미래의 붓다들은 아직 오지 않았다. 그러나 스승은 우리의 삶 속으로 들어와 직접 우리를 가르친다. 스승은 실로 지금, 여기에서 붓다의 행위를 하고있는 셈이다. 그렇게 스승은 과거, 현재, 미래의 모든 붓다들을 대표한다. 따라서 우리는 항상 스승에게서 붓다를 보려고 해야 한다. 만약 스승에게 몇 가지 오류가 있는 것처럼 보인다면, 그것은 스승을 통해 자신의 불완전함이 투사된 것으로 여겨야 한다.

사카파의 수장인 사캬 판디타는 구루(스승)가 자신의 친구나 친척을 가르치기는 어렵다고 말씀했다. 그 이유는 친구나 친척은 구루를 항상 평범한 사람으로 보려 하기 때문이다. 겔룩파의 수장이 달라이 라마라면 사캬파의 수장은 샤카 판디타이다. 달라이 라마가 관음보살의 화신인 반면, 사캬 판디타는 문수보살의 화현으로 알려져 있는데 고려의 충선왕이 그의 제자이기도 했다.

사실 거의 천년에 가까운 시간 동안 바즈라야나(금강승)은 티베트뿐만 아니라 북방 민족의 종교였다. 일반인들뿐만 아니라 왕실에서도 바즈라야나를 수행했다. 달라이 라마가 대대로 청나라 왕실의 스승이었다면, 샤카 판디타는 대대로 원나라 왕실의 스승이었다. 고려가 몽골에 복속된 이후 고려의 왕들은 몽골의 공주들과 결혼하면서 고려 왕실에서 바즈라야나를 받아들였던 모양이다. 충선왕의 어머니는 몽골 쿠빌라이 칸의 딸이었고 그의 아내 역시 몽골의 공주였다. 충선왕은 총명하고 자비로운 개혁 군주인 동시에 바즈라야나에도 관심이 많았다. 그는 티베트인 라마에게 계를 받고 중국 보타산에서 수행을 했다고 한다. 원나라 영종 때 그는 모략을 받고 불교를 공부하라는 명목하에 티베트 샤카 사원으로 유배되어 2년 동안 그곳에서 수행을 하게 된다. 아마도 그가 샤카 판디타의 제자가 된 것은 그때의 일인 듯싶다. 충선왕이 샤카 판디타를 스승으로 모시고 구루 요가를 했다는 사실이 흥미롭다.

어떤 의미에서 스승은 피자 배달부와 같다. 요리사는 요리를 하느라 바빠 피자를 배달까지 할 수는 없다. 대신 피자에 대해 잘 아는 배달부가 배달을 한다. 이와 마찬가지로 붓다는 이미 열반에 들었기 때문에 스승이 그의 가르침인 다르마(불법)를 배달한다. 붓다 이래로 티베트 불교 국가들에서는 어린 시절부터 스승 밑에서 다르마를 배우고 수행하는데, 그 결과 염소처럼 멍청한 사람도 어느 정도 수행의 성취를 이루게 된다. 하물며 좋은 수행의 조건을 지닌 사람이 스승으로부터 훌륭한 가르침을 받는다면 더할 나위 없이 좋은 결과가 나올 수밖에 없다. 이러한 사람들은 나이가 들면 자신의 스승에게 배운 가르침에 보답하기 위해 사람들에게 다르마를 가르치는 스승이 된다.

내 경우엔 젊은 시절에 다르마를 만날 수 있었다. 중국이 티베트를 침공해 달라이 라마와 그의 스승인 캅제 도르제 창과 링 린포체가 인도로 망명 오게 되면서 나는 운이 좋게도 그들을 스승으로 모시고 공부할 수 있었다. 달라이 라마와 캅제 도르제 창, 링 린포체 등 훌륭한 스승들 밑에서 십오 년 동안 다르마를 수행한 이후 십오 년 동안은 스승을 도와 북미에 바즈라야나를 소개하는 작업을 했다. 그 후로는 스승들의 조언에 따라 다르마를 가르치는 일을 하고 있다.

내가 다르마를 배우고 수행하는 데는 십오 년이 걸렸는데 그것은 무척 고된 과정이었다. 그러나 여러분의 경우는 올바른 가르침만 받는다면 오 년에서 칠 년 안에 그 과정을 끝낼 수 있을 것이다. 왜냐하면 여러분은 천 년에 걸쳐 쌓아진 불교적 배경지식을 갖고 있기 때문이다. 내게 불교적 바탕이 있었다면 그것은 과거 생들에서 온 것이지, 그와 같은 바탕이 있었던 것이 아니다. 또한 내가 다르마를 공부할 당시엔 영어로 번역된 불교 문헌들도 거의 없었다. 그때 나는 티베트어나 산스크리트어를 몰랐기 때문에 오랜 시간을 들여 티베트어와 산스크리트어를 배워야만 했다. 그러나 여러분은 위대한 조상들이 이미 작업해 놓은 것들을 토대로 편하게 공부할 수 있고, 다르마를 수행하는 데 있어 서양 사람들에 비해 크게 유리한 문화적 조건을 갖고 있다. 그리고 또 여러분이 전생에 어떤 다르마를 수행했고 어떤 선근을 쌓았는지 누가 알겠는가.

구루 요가의 방법과 의미

구루 요가의 핵심은 자신의 스승을 붓다의 모습으로 관상하는 것이다. 스승의 몸과 말, 마음이 자기 안으로 들어와 축복하며 의식의 흐름에 변화가 일어난다고 상상하는 것이다. 그런데 한 분의 스승을 모신 사람이 있고 여러 스승을 모신 사람도 있을 것이다. 스승이 한 명일 때는 문제가 없지만 여러 명일 때는 어느 분을 관상해야 하는지 사정이 복잡해진다. 그럴 때는 모든 스승을 동등하게 관상할 수도 있고, 한 명의 주 스승을 모시고 나머지 스승들은 주 스승의 화현으로 관상할 수 있다. 이 같은 방식으로 한 분, 혹은 여러 스승이 특정한 붓다의 모습으로 자신 앞에 나타났다고 상상한다. 이렇게 구루 요가의 대상이 되는 스승(들)을 근본 구루라고 하는데, 1대 달라이 라마는 특별히 아미타바 붓다를 근본 구루로 관상하라고 조언했다.

자신의 스승을 아미타바 붓다로 관상하는 방법은 다음과 같다. 우선 자기 앞에 여덟 마리의 사자들이 받치고 있는 보석으로 장식된 권좌 위에 태양 디스크와 달 디스크가 있고 그 위에 근본 구루가 앉아 있다고 관상한다. 그는 무한한 빛의 붓다인 아미타바의 모습을 하고 있다. 그는 붉은색의 몸과 하나의 얼굴과 두 개의 팔을 가지고 있다. 한편 다리를 교차해 바즈라 자세(가부좌)를 하고 있고, 명상할 때와 같이 두 손을 포개고 있으며 두 손 위에는 발우가 있다. 그 발우에는 불멸의 감로수가 가득 차 있다.

그는 승려와 같은 빨간 가사를 입고 있으며, 몸에는 완전한 깨달음을 얻을 때 나타나는 서른두 개의 징조와 팔십 개의 표시가 있다. 그의 말에는 육십 개의 뛰어난 자질이 있고, 마음은 무한히 다양한 현상들을 이해하는 동시에 그것들이 근원적으로는 하나라는 사실을 이해하는 지혜가 있다. 그의 본성은 사랑과 연민, 다시 말해 붓다의 마음인 보리심이다. 그는 무한히 많은 존재들에게 애정 넘치는 눈길과 미소를 보내고 있으며, 붓다 이래로 존재한 모든 법맥 스승들이 아미타바 붓다의 모습을 하고 그 주위를 둘러싸고 있다.

이 같은 방법 외에 또 다른 관상법이 있다. 근본 구루가 내 머리 위에 있다고 관상하는 것이다. 근본 구루의 위로부터 그에 이르기까진 붓다로부터 시작해 각 세대의 법맥 스승들이 차례로 앉아 있고 그들 모두 아미타바 붓다의 모습을 하고 있다고 상상한다. 구루 요가를 할 때 우리는 스승을 평범한 보통 사람이 아닌 붓다로 보아야 한다. 동시에 모든 깨달은 이들과 법맥의 스승들을 대표하는 사람으로 본다. 이처럼 근본 구루와의 관계를 통해 우리는 불성이 현실에 드러나는 것을 보는 한편 우리 안에 잠재된 불성을 보게 된다.

관상은 티베트어로 케(bskyed)라고 한다. 케는 일으키다, 개발하다는 뜻을 가졌다. 탄트라 수행은 발생 단계와 완성 단계로 나뉘는데 발생 단계를 케림(bskyed rim), 완성 단계를 족림(rdzogs rim)이라고 한다. 발생 단계는 관상을 하는 단계라고 할 수 있는데 이 같은 수행을 통해 우리는 자기 안의 불성을 일으킨다. 완성 단계에서는 에너지 수행과 공 명상을 통해 불성을 완전히 실현함으로써 붓다가 된다.

관상은 이처럼 상상력을 이용한 수행이지만 시각적인 모습만 상상하는 것을 뜻하지 않는다. 예를 들어 우리는 오감을 이용해 아미타바의 신체적 특징을 상상하고, 감정적으로는 그의 따뜻한 시선과 미소에 친밀감과 헌신의 감정을 느끼게 된다. 그리고 아마타바 붓다가 가진 개인적인 특징에 대해 관상한다. 그는 무한한 빛의 붓다로서 우리는 그의 개체성에 대해 지각한다. 그리고 그의 행동 양식, 세상에 반응하는 성향을 상상하게 된다. 그는 현상의 다양함을 이해하는 동시에 그것이 가지고 있는 동질성을 파악한다. 한편 우리는 아미타바 붓다의 바탕 의식이 불성인 것을 관상하며 법신으로서의 그를 보게 된다. 이같이 관상한 다음에는 근본 구루와 법맥의 스승들에게 존경을 표하는데 보통은 다음과 같은 시를 암송한다.

— ***모든 붓다들의 화현이시며 본래 바즈라다라이시며 삼보의 근원이신 모든 성스러운 스승들께 경의를 표합니다.***

근본 구루와 스승들에게 존경을 표한 다음에는 마시는 물, 발 씻는 물, 꽃, 향, 등불, 향수, 음악 등 일곱 개의 감각적인 공양물을 올린다. 그런 다음 짧은 만달라 공양이나 긴 만달라 공양을 올리고 근본 구루에게 귀의하면서 모든 존재를 위해 깨달음을 얻겠다는 결심을 한다. 지금부터 깨달음을 얻을 때까지 행복할 때나 고통스러울 때나 좋을 때나 어려울 때나 항상 스승을 믿고 의지하겠다고 결심한다. 그런 후 다음과 같이 삼귀의 만트라를 한다.

— ***구루에 귀의합니다. 붓다에 귀의합니다. 다르마에 귀의합니다. 상가에 귀의합니다.***

요즘은 옛날처럼 스승과 친밀한 관계를 맺기 힘들 것이다. 옛날에는 스승이 전부였다. 자신에게 정서적인 문제가 생기면 스승을 찾아갔다. 스승은 가족의 상담자이기도 해서 경제적인 문제가 생겨도 스승을 찾아갔다. 그러면 스승은 돈이 있는 제자에게 부탁해 경제적 어려움을 해결해

주기도 했다. 건강상의 문제가 생겨도 마찬가지로 스승을 찾았다. 그러면 스승은 그가 치료받을 수 있도록 도움을 주었다. 그밖에 점을 칠 일이 있을 때도, 혼인이나 상례같이 제의가 필요할 때도 제자는 스승에게 도움을 청했다. 그저 다르마만 가르치는 스승들과는 달랐다.

간절한 마음으로 구루에게 귀의한 다음에는 이같이 관상한다. 근본 구루의 미간에는 흰색 씨앗 글자인 '옴'이 있고, 구루의 목에는 빨간색 씨앗 글자인 '아'가 있으며 가슴에는 파란색 씨앗 글자인 '훙'이 있는데, 만트라를 함에 따라 구루의 미간에 있는 '옴'에서 흰빛이 나와 우리의 미간으로 들어온다. 한편 구루의 목에 있는 '아'에서 붉은빛이 나와 우리의 목으로 들어오고, 구루의 가슴에 있는 '훙'에서 푸른빛이 나와 우리의 가슴으로 들어온다. 이렇게 우리는 구루의 몸과 말, 마음의 축복을 받게 된다.

근본 구루의 주위 또는 머리 위에 있는 법맥 스승들은 근본 구루 속으로 녹아들면서 근본 구루는 빛으로 변하는데, 그 빛은 우리 정수리를 통해 가슴 안으로 들어오면서 우리 의식의 흐름에 변화가 일어난다. 이제 우리의 마음은 붓다의 마음이 된다. 우리의 사고와 감정은 붓다의 사고와 감정, 즉 다르마가 된다. 그리고 우리의 육체적 현존은 상가가 된다. 13대 달라이 라마는 "열 방향의 붓다가 몸으로 흘러 들어가 그의 혀를 통해 말한다면, 심지어 염소조차도 일어나 다르마를 말할 수 있다"고 했다. 그렇게 우리는 근본 스승과 하나가 되고 우리가 귀의한 삼보와 하나가 되는 것이다.

지금 바로 수행해야 하는 이유

관상(觀想)은 왜 하는 걸까? 그 이유는 다양한데, 우선 관상은 우리의 집중력을 높여준다. 관상을 하는 것은 사마타 수행을 하는 것과 같은 효과가 있다. 만약 우리가 완벽하게 관상할 수 있다면 첫 번째 사마디 단계인 초선의 경지에 이르게 된다. 두 번째 이유는 붓다와 보살, 법맥의 스승들을 관상함으로써 그들과 좋은 인연을 쌓게 된다. 이렇게 인과의 좋은 씨앗을 심는 것을 공덕(Skt: punya, Tib; sonam)을 쌓는다고 한다. 말하자면 좋은 생각과 좋은 행동을 함으로써 이번 생애나 다음 생애에 좋은 결과를 얻을 씨앗을 심는 것이다. 이러한 공덕이 없으면 깨달음을 얻을 수 없기 때문에 공덕을 쌓는 것은 실로 중요하다.

관상을 통해 훈습(vansana)을 할 수 있다는 점이 관상의 세 번째 이유라고 할 수 있다. 우리가 어떤 행동(karma)를 하면 의식의 연속체에 어떤 인상(samskara)을 남긴다. 그런데 그 행동이 반복되어 그것에 대한 인상이 강해지면 하나의 습관이 형성된다. 이러한 습관을 훈습이라고 한다. 훈습이 더욱 강해지면 하나의 사고 패턴 혹은 개념을 띠게 되는데, 그것을 상(vritti)이라고 한다. 우리는 이러한 사고 패턴, 개념에 따라 행동(Karma)한다. 행동이 인상을 낳고, 인상이 훈습을 낳고, 훈습이 개념을 낳고, 개념이 다시 행동을 낳는 이러한 순환은 반복된다. 이러한 순환을 좋게도 이용할 수 있고 나쁘게도 이용할 수 있다. 우리는 습관의 산물이라고 할 수 있다. 수행도 일종의 습관이다. 만약 우리가 붓다와 보살, 스승들을 반복적으로 관상한다면 그들을 떠올리는 것을 습관으로 삼을 수 있다.

이렇게 다르마를 수행하는 까닭은 붓다가 되기 위해서이다. 수행을 잘해 나가면 우리는 그렇게 될 것이다. 이것은 많은 세대에 걸쳐 증명되어

왔다. 석가모니 붓다 이래로 2천5백 년 동안 불교에서는 깨달음을 성취한 존재들을 배출해 왔다. 만약 우리가 죽기 전까지 스승과 같은 경지에 이르지 못한다면 그것은 스승의 시간과 에너지를 낭비한 동시에 우리의 잠재성을 낭비한 것이다. 구루 요가는 우리가 붓다, 나가르주나, 아상가 등 법맥의 스승들과 대등한 경지에 이를 수 있다는 것을 보여준다.

티베트 사원에 들어가면 건물 꼭대기에 법륜이 있는 것을 볼 수 있다. 바퀴는 구른다는 속성을 가지고 있다. 한 세대에서 다른 세대로 굴러가고, 스승의 마음에서 제자의 마음으로 굴러간다. 우리는 그렇게 다르마를 배우고 수행하여 내적인 경험을 얻게 된다. 그리고 스승의 가르침에 보답하기 위해 다른 사람에게 다르마를 가르치는 스승이 된다. 내 경우에도 (코로나 시대 이전까지는) 일 년 중 반은 여행하며 다르마를 가르치고 있다. 그것은 쉽지 않은 일이지만 달라이 라마는 연세가 많은데도 불구하고 일 년 중 10개월 이상은 세계 곳곳을 다니며 다르마를 가르쳐왔다.

이렇듯 우리는 깨달음의 전통을 유지하는 책임을 다해야 하는데, 그 책임의 시작은 우선 깨달음을 성취하는 것이다. 그런데 깨달음을 얻는 것이 우리의 목적이라는 사실을 때때로 잊어버리는 것 같다. 대개의 불자들은 이번 생에는 좋은 사람이 되는 것에 만족하고, 사찰에 보시나 하고, 간단한 계만 지키며 살다가 다음 생에 기회가 되면 진지하게 수행하겠다고 생각한다. 그러나 그 기회(는) 바로 지금이다. 지금이야말로 다르마를 수행할 수 있는 귀중한 인간의 삶을 얻은 것이기에 지금이 기회인 것이다. 우리는 이 사실을 잊어서는 안 된다. 인간의 삶을 얻는 것은 아주 드문 기회이다. 나가르주나는 "인간의 몸은 소원을 들어주는 보석과도 같다"라고 말씀했다. 지금 당장 우리의 소원을 들어주는 보석이 우리에게 있다.

다음 생에 진지하게 수행하겠다는 생각은 위험한 것이다. 다음 생으로 가려면 일단 죽어서 바르도로 들어가야 하기 때문이다. 바르도는 무의식의 잠재된 충동들이 눈앞에 발현되는 곳이다. 이곳에서 우리는 자기 안의 분노와 불안, 두려움, 애착, 욕구, 갈망 등을 만난다. 이러한 충동들에 휩싸이게 되면 인간의 몸으로 환생하지 못할 수 있다. 그래서 나가르주나는 이번 생에 수행에 전력하지 않고 다음 생에 기회를 갖기를 바라지 말라고 했다. 인간으로 태어난 것은 일종의 복권에 당첨된 것과 같다고 할 수 있다.

Ⅱ. 마음을 다르마로 돌리는 네 가지 주제

소중한 인간의 삶 · 첫 번째 주제

소원을 이루어주는 보석

예비 단계의 두 번째 과정은 네 가지 주제에 대해 숙고하고 올바르게 귀의하는 것이다. 숙고해야 할 네 가지 주제는 인간의 소중한 삶, 죽음과 무상함에 대한 명상, 카르마의 법칙, 윤회의 해로움에 관한 것이다. 이 같은 주제에 대해 숙고하는 것은 우리의 관심을 다르마를 수행하는 데 집중하게 한다.

네 가지 주제를 숙고해야 할 이유를 좀 더 살펴보면, 우선 첫 번째 주제는 인간으로 태어난 것이 얼마나 큰 영광이며 소중한 기회인지를 깨닫기 위해 숙고할 필요가 있다. 이 주제에 대한 명상은 다시 세 부분으로 나뉘는데, 그 첫 번째는 인간의 삶이 주는 자유와 혜택이 무엇인지를 숙고하는 것이다. 두 번째는 인간의 삶이 부여해 주는 자유와 혜택으로 무엇을 해야 할지에 대해 숙고하는 것이고, 세 번째는 인간의 몸으로 다시 환생하기가 얼마나 어려운지를 숙고하는 것이다.

그렇다면 우리가 인간으로 태어나 누릴 수 있는 자유와 혜택은 무엇일까? 인간이 누릴 수 있는 자유는 여덟 가지가 있는데 그중 네 가지는 지옥, 아귀계, 축생계, 천신계의 덫으로부터 자유롭다는 것이다. 다섯 번째는 붓다가 나타나지 않은 시대에 태어나는 상황을 피했다는 것이고, 여섯 번째는 붓다의 가르침과 다르마가 전해지지 않은 외딴곳에 태어나는 상황을 벗어났다는 것이다. 일곱 번째는 신체적, 정신적 장애가 있어 다르마를 수행할 수 없는 상황을 피했다는 것이며, 여덟 번째는 잘못된 견해에 사로잡혀 다르마를 수행할 수 없는 상황에서 벗어났다는 것이다.

인간으로서 누릴 수 있는 혜택으로는 열 가지가 있는데, 그중 다섯 가지는 개인적인 혜택이고 나머지 다섯 가지는 환경적인 것이다. 인간으로 태어난 것과 다르마가 번성하는 지역에 태어난 것, 온전한 신체적 정신적 기능을 가지고 태어난 것, 즉각적인 응보가 따르는 다섯 가지 죄를 아직 짓지 않은 것, 그리고 무엇이 진리인지를 알아볼 수 있는 본능적 통찰을 가진 것이 개인적인 다섯 가지 혜택에 해당한다. 다섯 가지의 환경적 혜택은 다음과 같다. 붓다가 오신 겁(칼파) 시대에 태어난 것, 붓다가 다르마를 가르치신 것, 다르마가 계속 전해지는 시대에 태어난 것, 붓다의 삶을 본보기로 따르는 상가가 유지되는 곳에 태어난 것, 상가를 지원하는 재가자들이 있는 곳에 태어난 것이다.

우리는 이 같은 자유와 혜택을 지닌 인간으로 태어났다. 그렇다면 이러한 자유와 혜택으로 우리는 무엇을 해야 하며 무엇을 성취할 수 있을까? 1대 달라이 라마는 완전한 깨달음을 얻기 위해서는 적절한 생활양식과 환경과 친구들이 필요하다고 했다. 적절한 생활양식을 갖기 위해 우리는 계율을 지켜야 하고, 적절한 환경을 만들기 위해 너그러움과 보시를 수행해야 하며, 적절한 친구들을 만들기 위해서는 인내를 수행해야 한다. 인간으로 태어난 자유와 혜택을 갖추었을 때만 우리는 완전한 깨달음을 성취할 수 있는 조건을 만들기 위한 수행을 할 수 있다. 사실 우리가 지켜야 할 최고의 계율은 깨달음에 이르기 위해 수행하는 것이다.

세 번째로 우리는 인간의 몸으로 환생하기가 얼마나 어려운지를 숙고해 볼 필요가 있다. 이와 관련해서는 여러 가지 비유가 있다. 그중 하나는 백 년에 한 번 물 위로 올라오는 바다 거북이에 관한 것인데, 인간으로 태어난다는 것은 바다 거북이가 물 위로 떠올랐을 때 마침 바다를 떠도는 널빤지가 있어 그 사이에 끼일 확률만큼이나 어렵다고 한다. 한편 마른 완두콩을 벽에 던졌을 때 그 완두콩이 벽에 붙을 확률만큼이나 인간으로 환생하기 어렵다는 이야기도 전해진다. 1대 달라이 라마는 우리가 인간으로 태어났다는 사실만으로도 너무 기뻐 눈물이 날 정도로 이러한 숙고와 명상을 해야 한다고 말씀한 바 있다.

나는 종종 우리가 너무 진지하지 않게 가벼운 마음으로 명상할 필요가 있다고 생각한다. 미국에서는 일 년에 약 200억 달러 규모의 시장이 있을 만큼 약 20%의 사람들이 항우울제를 먹는다고 한다. 그런데 항우울제를 먹는 것보다 더 나은 해결책이 있다. 그것은 매일 "나는 정말 행운아야"라고 명상하는 것이다. 그도 그럴 것이 우리 자신이 모기가 아니라서 얼마나 다행인가? 멸치로 태어나지 않아서 얼마나 행복한가? 그 사실만으로도 너무 기뻐 눈물이 나지 않는가?

본 수행을 하기 전 예비 단계에서 자신의 삶을 소중히 생각하고 인간으로 태어난 것이 얼마나 행운인지를 기뻐하는 훈련을 하는 것은 무척 중요하다. 이러한 바탕 없이는 본 수행이 잘못된 길로 가기 쉽고 더 깊은 수행으로 나갈 수 없기 때문이다. 티베트 사람들은 인간의 몸을 일러 "소원을 이루어주는 보석"이라고 한다. 완전한 깨달음을 얻어 자기 자신뿐 아니라 다른 존재들도 깨달음에 이를 수 있도록 도우려면 인간의 몸이 있어야 하기 때문이다. 이처럼 인간의 소중한 삶을 숙고함으로써 우리는 궁극적인 목적인 깨달음을 성취하겠다는 결심을 다질 수 있다.

죽음과 무상함 · 두 번째 주제

삼시 세끼 챙겨야 하는 죽음 명상

우리가 숙고해야 하는 두 번째 주제는 죽음과 무상함에 대한 것이다. 인간으로 태어난 것이 얼마나 행운이고 소중한지를 먼저 명상한 후에 이 같은 주제를 놓고 명상하는 데에는 그만한 이유가 있다고 생각한다. 자신의 삶을 긍정하고 소중히 여기는 태도를 갖추기 전에 죽음과 무상함에 대해 명상한다면 우울증에 빠지게 될 것이기 때문이다. 어차피 우리는 죽을 것이고 우리의 삶이 무상한데 삶에 가치를 둘 이유가 있겠는가.

붓다는 죽음과 무상함에 대해 명상하는 것은 코끼리의 발자국처럼 마음에 깊은 인상을 남긴다고 말씀했다. 그래서 아침에 일어나서도 죽음과 무상함에 대해 명상하고 정오에도, 저녁에도 죽음과 무상함에 대해 명상하라고 했다. 아침에 죽음과 무상함에 대해 명상하면 시간을 낭비하지 않고 하루를 더 잘 보낼 수 있고, 정오에 이 같은 명상을 하면 오후를 더욱 알차게 보낼 수 있다. 또 저녁에 이 주제에 대해 명상하면 남은 시간에 더 집중할 수 있다.

예비 단계에서 죽음과 무상함에 대한 명상을 한다고 해서 이것을 아주 기초적인 명상으로 착각하진 말기 바란다. 예비 단계뿐만 아니라 깨달음을 얻는 순간까지 우리는 계속 죽음과 무상함에 대해 명상해야 한다. 한 인터뷰에서 달라이 라마는 매일 자신이 죽는 것을 미리 연습한다고 했다. 죽음을 연습하는 것은 불안이나 두려움에 빠지기 위해서가 아니다. 사실 깨달음은 그 어떤 불안도 두려움도 없는 상태이다.

우리가 죽음을 망각할 때 우리의 삶은 피상적이 되기 쉽다. 우리가 딱 하루만 더 살 수 있다고 한다면 우리는 그 하루를 매우 소중하게 여길 것이다. 따라서 죽음과 무상함에 대해 명상한다는 것은 좋은 기회라고 할 수 있다. 이 명상을 통해 우리는 자신의 마음을 진정으로 가치 있는 일인 깨달음으로 돌릴 수 있기 때문이다. 또한 이 명상을 함으로써 우리에게 남겨진 매 순간을 감사히 여기고 소중하게 쓸 수 있게 된다. 만약 의사가 강도에게 앞으로 한 시간밖에 못산다고 말한다면 그 강도는 남은 시간을 은행을 털면서 보내진 않을 것이다. 세상에서 가장 게으른 사람이라 해도 자신에게 단 한 시간밖에 남아 있지 않다면 게으름을 부리며 그 시간을 허비하진 않을 것이다.

그렇다면 죽음과 무상함에 대해 어떻게 명상해야 할까? 로종에서는 죽음의 세 가지 사실에 대해 명상하라고 한다. 첫째는 죽음의 확실성이다. 세상에서 가장 확실한 사실은 언젠가 우리는 죽는다는 것이다. 두 번째는 죽음의 불확정성이다. 우리가 언제 죽을지 모르기 때문이다. 세 번째는 본질을 취하는 것인데, 무엇을 삶의 최우선 순위로 두어야 하는지를 숙고한다. 우리가 죽음을 맞이할 때는 다르마를 수행한 것 외에 그 어떤 것도 도움이 되지 않는다.

죽음의 세 가지 사실에 대해 명상하기

죽음에 관한 세 가지 사실 중에 죽음의 확실성에 대해 먼저 생각해 보자. 나는 태어나서 지금까지 길고 긴 죽음의 행렬을 보아왔다. 할머니, 할아버지, 큰할아버지, 부모님, 삼촌들, 친구들을 죽음으로 잃었다. 그런데 우리는 많은 사람들의 죽음을 지켜보면서도 이상하게도 자신은 죽지 않고 계속 살 것처럼 여긴다. 언제든, 어디에서든 우리가 죽을 수 있다는 것은 허구나 관념이 아니다. 이것은 엄연한 사실이고 현실이다. 나도 언젠가는 죽는다는 사실을 항시 인식하고 명상하는 것은 그렇지 않을 때보다 지금의 삶에 훨씬 더 감사하게 될 것이다. 이러한 명상은 가장 강력한 우울증 치료제라고 할 수 있다. 만약 어려서부터 죽음에 대해 명상한다면 자살률 또한 확연히 떨어질 것이다.

죽음의 확실성에 대한 명상은 다시 세 가지 주제로 나눠 좀 더 구체적으로 숙고해볼 필요가 있다. 우선 우리가 죽는다는 사실이다. 어디에 태어났어도, 어떤 몸을 가졌어도, 또 어떤 시대에 살더라도 우리는 죽는다. 티베트의 절에 가면 죽음의 신인 염라대왕이 육도의 바퀴를 물고 있는 '윤회의 바퀴'라는 탱화가 있다. 그 탱화의 내용처럼 우리는 열반(니르바나)에 이를 때까지 육도(지옥계, 아귀계, 축생계, 인간계, 아수라계, 천신계)를 돌며 계속 환생한다. 우리가 계속 윤회를 반복한다는 것은 계속해서 죽음을 겪는다는 얘기이다. 그래서 1대 달라이 라마는 '염라대왕은 대단히 배가 고프구나! 멈출 줄 모르고 밤낮으로 먹는구나'라는 시를 쓰기도 했다.

그다음으로 숙고할 내용은, 우리의 삶이 나날이 짧아지고 있고 잃어버린 시간을 메울 방법이 없다는 것이다. 누군가 구십 살 혹은 백 살까지 장수한다 해도 매 순간 생명은 줄어들고 있다. 하루가 지나면 죽음에 하루 더 다가가는 것이다. 그래서 나의 한 스승은 이런 말을 한 적이 있다. "사람들은 보통 돈이 중요하고 금이 중요하고 보석이 중요하다고 생각한다. 물론 이런 것들도 중요하긴 하지만 가장 중요한 것은 우리의 생명이다." 생명이야말로 우리가 가진 가장 소중한 것이다. 돈이 중요한 것은 그것이 우리가 살아가는 데 필요한 음식과 집, 옷 등을 제공하기 때문이다. 그러나 우리가 생명을 잃는다면 그것들이 무슨 소용이며 어떤 가치가 있겠는가.

한편 우리가 살아있는 동안 수행할 시간이 얼마나 적은가를 숙고하는 것도 중요하다. 이 사실을 숙고할 때는 약간의 수학적 계산이 필요하다. 우리는 하루의 삼분의 일을 잠자는데 보내고 나머지 삼분의 일은 일하는 데 보낸다. 그 외에 다른 일에 쓸 수 있는 시간은 나머지 삼분의 일인 여덟 시간밖에 안 된다. 그 시간 중 우리는 얼마나 많은 시간을 수행하는 데 쓸 수 있을까? 만약 하루에 한 시간씩 수행한다면 일 년에 365시간을 수행하는 데 쓰는 셈이다. 따라서 앞으로 십 년을 더 산다면 3,650시간을 수행할 수 있다.

달라이 라마는 요즘 사람들이 미래를 위한 돈을 모으기 위해 건강을 잃는다고 지적했다. 사람들은 더 나은 미래를 위해 돈을 모으려 하고, 그래서 무리하게 일하다가 건강을 잃는다. 과도한 일로 스트레스와 불안에 시달리다 고혈압과 심장병 등에 걸려 그동안 모아놓은 돈을 그 병을 치료하는 데 쓴다. 결국 현재를 즐기지도, 미래를 즐기지도 못하고 돈 외에 다른 가치를 추구할 기회도 잃게 된다. 깨달음을 위한 수행은 물론 꿈도 꾸지 못한다.

언제 어디서든 찾아오는 죽음

죽음에 관한 두 번째 사실은 죽음의 불확정성이다. 이것은 다시 세 가지 사항으로 나눠 살펴볼 수 있는데, 그 첫 번째는 우리가 언제 죽을지 모른다는 것이다. 어떤 이는 어머니의 자궁 속에서 죽기도 하고 자궁을 나오다가 죽기도 한다. 유아기 때나 십 대 혹은 중년에 죽는 사람도 있고 노년기에 죽는 사람도 있다. 이렇듯 죽음은 때를 가리지 않고 찾아오기에 우리는 언제 죽게 될지 알 수 없다. 그래서 불교에서는 '다음번 숨과 죽음 중에 어떤 것이 먼저 올지 모른다'는 말이 있다.

죽음의 두 번째 불확정성은 우리가 무엇 때문에 죽을지 모른다는 것이다. 사실 사람들은 굉장히 다양한 이유로 죽는다. 그중에는 매우 우스꽝스러운 죽음도 있다. 미국에는 '천 가지 죽음의 방식'이라는 TV쇼가 있다. 이 쇼에서는 사람들이 별난 방식으로 죽은 사례들을 소개하는데, 어떤 사람은 복권에 당첨되어 큰 집을 사서 그 집을 골동품으로 꾸몄다고 한다. 그런데 어느 날 집주인이 화가 나서 골동품인 칼을 던졌는데 그 칼이 뭔가에 맞고 튕겨 그의 심장을 찌른 것이다. 그렇게 어이없게 죽은 사람도 있는가 하면, 마시멜로 먹기 대회에 나간 한 십 대 소녀는 한 번에 너무 많은 마시멜로를 먹는 바람에 기도가 막혀 죽기도 했다. 이외에도 그 TV쇼에서는 죽음의 별난 사례들을 수도 없이 나열한다.

미국에 있는 내 친구 중 한 명도 어이없는 죽음을 맞았었다. 그는 수십 억 달러의 부자였지만 위험하다는 이유에서 해외여행을 하는 것을 좋아하지 않았다. 그래서 오성 호텔과 같은 안전한 곳에서만 지내다가 어느 날 치과에 가게 되었다. 치과 의사는 그를 치료할 때 고통을 주지 않기 위해 마취제를 사용했는데, 그 때문인지 치료를 마치고 의자에서 일어나다가 현기증을 느끼고 넘어지면서 머리를 바닥에 부딪쳐 그 자리에서 죽고 말았다. 천 명의 경호원을 둔다 해도 이 같은 사고는 예방할 수가 없다. 이처럼 우리는 언제 어디서든 아주 사소한 문제 때문에도 죽을 수 있다. 심지어 우리 삶을 지탱해 주는 요소조차 죽음의 원인이 되기도 한다. 말랑하고 부드러운 매시멜로를 먹다가 죽을 수도 있고, 집 안을 꾸며놓은 장식품으로 인해 죽을 수도 있다. 죽음의 순간은 우리가 태어나는 순간부터 따라다닌다. 우리의 육체는 이토록 연약하고 쉽게 파괴된다. 이러한 사실들이 죽음에 관한 불확정성이라고 할 수 있다.

죽음의 순간 가져갈 수 있는 것

죽음의 세 가지 사실 중 세 번째는 본질을 취하는 것이다. 본질을 취함이라 함은 우리가 죽을 때 다르마를 수행하는 것 외에는 아무런 가치가 없다는 것을 의미한다. 다른 한편 살아있는 동안 항상 자비와 지혜 속에 머물며 깨달음을 성취하기 위해 모든 노력을 다해야 한다는 의미도 포함된다. 가족이든 친구든 그들이 아무리 인생의 동반자라 해도 죽음의 길을 함께 가지는 못한다. 살아생전 큰 권력을 휘두르고 큰 재산으로 남들의 부러움을 샀던 사람일지라도 죽을 때는 어떤 것도 가지고 갈 수 없다. 그 순간에 오직 가지고 갈 수 있는 것은 산타나(santana), 다시 말해 의식의 연속체(마음의 흐름)뿐이다.[2)]

불교에서는 죽은 뒤에도 사람의 의식은 계속된다고 본다. 이러한 의식의 연속체는 시작한 때도 없고 끝나는 때도 없다. 소승에서는 이러한 의식의 연속체가 니르바나에 이르면 사라진다고 보지만, 대승에서는 붓다가 된 후에도 이것이 계속된다고 본다. 의식의 연속체는 끊임없이 이어지는 정신 작용이다. 파괴적 감정(감정적 장애)과 인지적 왜곡(인지적 장애)도 정신의 연속체 안에서 일어나는 정신 현상이고, 자비와 지혜도 이 같은 정신 현상이다. 깨달음 역시 정신 연속체 안에서 일어나는 정신 현상이다. 그래서 번뇌와 망상이 공한만큼 깨달음도 공하다.

죽음의 순간에 우리가 가지고 갈 수 있는 것은 이러한 정신 연속체뿐이다. 그렇다면 우리는 번뇌와 망상에 찌든 정신 연속체를 가지고 죽을 수도 있고, 열반 상태에 있는 정신 연속체를 가지고 죽을 수도 있다. 어떤 정신 연속체를 가지고 죽느냐는 우리가 살아생전 얼마나 다르마를 수행했느냐에 달려있다. 수행을 통해 우리는 자신의 정신 연속체에 있는 번뇌와 망상을 정화할 수 있다. 우리가 죽을 때 다르마를 수행한 것 외에 가치 있는 것은 아무것도 없다고 한 까닭은 이 때문이다.

마음 훈련의 일곱 요점 중 죽음과 무상함에 대한 명상은 이렇듯 죽음의 세 가지 사실에 대해 깊이 숙고하는 것이다. 죽음의 첫 번째 사실인 죽음의 확실성에 대해 숙고하고 명상하면 우리는 한정된 삶을 산다는 것을

---

2) 산타나는 한자어로 계속해서 이어진다는 뜻에서 상속(相續)이라고 번역되었다.

깨닫고 더 열심히 살아야겠다고 생각하게 된다. 두 번째 죽음의 불확정에 대해 명상하면 지금 당장이라도 죽음이 찾아올 수 있다는 것을 깨달아 더 이상 시간을 낭비하지 않게 된다. 세 번째로 본질에 대해 명상하면 다르마를 수행하는 것 외에는 길이 없다는 것을 깨닫게 된다. 따라서 죽음에 대한 명상은 우리가 한정된 삶을 낭비하지 않고 다르마를 수행하는 데 노력하도록 다짐하게 하는 길잡이가 된다.

카르마의 법칙 · 세 번째 주제
카르마를 이해하고 정화하기

우리가 숙고해야 할 세 번째 주제는 카르마이다. 산스크리트어로 카르마는 '행위'를 뜻한다. 그러나 보통 카르마는 행위와 그에 따르는 결과, 즉 인과(因果)라는 의미로 사용된다. 카르마에 대해 명상할 때는 카르마의 성격에 대해 먼저 생각해볼 필요가 있다. 원인이 있으면 결과가 있고, 결과를 보면 원인을 알 수 있다. 이 같은 인과의 법칙은 붓다가 우리에게 알려준 가장 중요한 가르침 중 하나일 것이다.

붓다 이전의 사람들은 무슨 일이 생기면 그것에 대해 온갖 괴상한 이유를 달았다. 뭔가 좋은 일이 생기면 자신이 신에게 축복받은 것으로 여겼고, 뭔가 나쁜 일이 생기면 악마의 저주를 받은 것으로 여겼다. 이 같은 생각은 사람들로 하여금 자신의 행위에 대해 돌아보거나 책임지지 않고 다른 누군가에게로 대신 책임을 전가하게 한다. 그래서 붓다는 사람들에게 우리가 자기 삶의 주인이고 구원자며 지휘관이라고 가르쳤다. 모든 것은 자신의 책임이라는 것이다. 현재 어떤 상황에 온 것은 과거에 자신이

한 행위 때문이며, 지금의 현실을 타개하는 것도 새로운 미래를 만드는 것도 전적으로 자신에게 달려있다. 좋은 일이 생겨도 그것은 자신의 행위에서 비롯된 것이고, 나쁜 일이 생겨도 그 역시 과거에 자신이 했던 행위의 결과인 것이다. 이러한 카르마, 즉 인과 법칙을 통해 붓다는 역사상 처음으로 자신의 운명을 만드는 힘은 자신에게 있다는 것을 가르쳐주었다.

우리는 카르마의 법칙을 당연한 것으로 받아들이면서도 다른 한편 그 법칙이 우리 삶에 어떤 영향을 미치는지는 아주 쉽게 잊어버린다. 예를 들어 어떤 사람에게 화가 났다면 그 사람을 비난하기 쉽지만 카르마의 법칙에 따른다면 그 사람을 자신의 삶에 불러들인 것은 바로 자신인 것이다. 어떤 존재도 우리 삶을 창조하고 책임져줄 수 없다. 붓다와 보살, 스승은 우리에게 깨달음을 얻으려는 영감을 불러일으키고 그 길로 인도하지만 우리 삶을 창조해 주지는 않는다. 오로지 우리 자신만이 스스로의 주인이고 구원자이며 지휘관이다. 그러기에 붓다는 열반할 때 아난다에게 이 같은 말을 남겼다.

— ***아난다여, 남을 의지하여 머물지 말고 그대 자신을 섬으로 삼고 자신을 의지하여 머물라. 다르마를 섬으로 삼고 다르마에 의지하여 머물고 다른 것에 의지하여 머물지 마라.***

나가르주나는 자신의 저서인 '친구에게 보내는 편지(Suhrllekha)'에서 이런 말을 했다. '살아있는 존재들은 물고기가 아니고 붓다들은 어부가 아니다.' 붓다는 낚시로 존재들을 건져내지 못한다. 단지 깨달음으로 가는 길을 가르쳐줄 뿐이다. 그 길로 헤엄쳐가는 것은 결국 자신의 몫인 것이다. 나가르주나는 또 이런 말을 남겼다. '붓다의 손이 그대의 머리에 닿는다고 그대가 깨달음을 얻는 것이 아니다. 붓다가 손으로 그 길을 가리킬

수는 있지만 그 길을 걸어가는 것은 자신의 몫이다.'

붓다는 의사와 같다. 그리고 약은 다르마이다. 의사가 한 트럭의 약을 준다 해도 우리가 그 약을 먹지 않는다면 아무런 효과도 볼 수 없다. 이런 면에서 볼 때 카르마, 즉 인과의 법칙은 나무를 기르는 것과도 같다. 원인을 심으면 그 결과가 나오듯 우리가 명상을 하고 다르마를 수행하면 그 결과를 얻게 된다. 그러나 우리가 그런 노력을 하지 않는다면 그에 대한 결과를 얻을 수 없다. 샨티데바는 입보리행론(Bodhicaryavatara)에서 '모든 붓다들은 한때 평범했다'라고 했다. 그들은 평범했지만 다르마를 수행하는 데 전념했고 그 결과 붓다가 되었다. 그와 마찬가지로 우리도 다르마를 수행하는 데 전념하면 붓다가 될 수 있다.

카르마의 법칙은 우리로 하여금 과거, 현재, 미래를 새롭게 이해하게 만든다. 우리는 자신의 과거를 살펴봄으로써 현재를 이해할 수 있고, 현재를 살펴봄으로써 미래를 짐작할 수 있다. 우리가 지금 삶에서 만나는 모든 것은 과거의 원인에 의해 발생한 것들이다. 과거에 부정적인 카르마를 쌓았다면 우리는 현재 좋은 카르마를 쌓음으로써 부정적인 카르마를 정화할 수 있다. 1대 달라이 라마는 부정적인 카르마를 정화하는 네 가지 방법으로 뉘우치기, 해독제 사용하기, 결심하기, 의지하기 등을 제시했다. 이 방법을 사용하면 우리 안에 있는 카르마의 씨앗이 백 개 칼파(겁)가 지나도 싹트지 않는다고 한다.

그 첫 번째로 과거의 잘못을 뉘우치는 것은 부정적인 카르마를 정화하는 방법이 된다. 과거의 어떤 행동으로 인해 부정적인 카르마를 쌓았다면, 그것이 현재 어떤 형태로 나타나며 앞으로 어떤 결과를 초래하게 될 것인지에 대해 숙고한다. 두 번째 방법은 해독제를 사용하는 것인데 경전 읽기를 비롯해 공에 대해 명상하기, 만트라 염송하기, 불상이나 탑 세우기, 붓다에게 공양 올리기, 붓다와 보살들의 이름 부르기 등이 이에 해당한다. 부정적인 카르마를 정화하는 세 번째 방법은 앞으로 결코 잘못된 행동을 하지 않겠다고 결심하는 것이다. 이러한 결심이 없다면 부정적인 카르마를 정화하는 수행은 말로만 그치게 될 뿐이다. 네 번째 방법은 삼보를 의지하고 모든 존재를 위해 깨달음을 얻겠다는 보리심에 의지함으로써 부정적인 카르마를 정화하는 것이다.

윤회의 해로움 · 네 번째 주제
육도의 세계와 특성

예비 단계에서 우리가 숙고해야 할 네 번째 주제는 윤회의 해로움에 대한 것이다. 윤회의 해로움이란 열반하지 못한 존재들의 고통을 뜻한다고 할 수 있다. 열반에 이르기까지 우리는 육도를 윤회하게 되는데 여섯 세계 어디에서도 완벽한 행복을 얻지 못한다.

육도 중 지옥부터 살펴보면 여덟 개의 뜨거운 지옥과 여덟 개의 차가운 지옥, 네 개의 일시적인 지옥 등 그 종류가 스무 가지나 된다. 이는 화내는 방식과 관련이 있고 그에 따라 분류된다. 뜨거운 지옥은 뜨거운 분노와 관련 있는데 겉으로 화를 직접적으로 드러내는 사람들이 가는 곳이다. 반면 차가운 지옥은 차가운 분노와 관련 있는 곳으로 화를 겉으로 드러내지 않고 교묘한 방식으로 표출하는 사람들이 가게 된다. 네 개의 일시적인 지옥은 가끔 화를 내는 사람이 가는 곳으로, 밤에는 지내기 좋은 곳이었다가 낮이 되면 위험한 곳으로 변하거나 이와 반대로 낮에는 지내기 좋은 곳이었다가 밤에는 위험한 곳으로 변한다. 만약 우리가 어떤 종류의 화를 극복하지 못한다면 다음 생에는 그와 관련된 곳으로 환생하게 된다.

아귀계는 그 종류가 지옥보다 훨씬 많아 무려 오십 가지나 된다. 이는 음식, 성, 돈 등과 같이 오십 가지 대상들에 대한 집착과 관련 있는데 이들은 채워지지 않은 갈증과 허기에 시달린다. 그런데 아귀계는 사실 정확한 번역이 아니다. 아귀는 산스크리트어로 프레타(preta)라고 하여 원래 죽은 자를 뜻하는 말이었다. 인도인들은 죽은 조상들에게 공양을 올리지 않으면 유령계에 떨어져 고통을 받는다고 믿었다. 그러한 개념이 중국으로 유입되어 아귀(배고픈 귀신)라는 말로 변했고, 아귀계를 다스리는 사람이 바로 염라대왕을 뜻하는 야마라자이다.

축생은 동물의 세계이다. 동물들은 인간과 달리 알아차리는 힘이 없다. 그들은 조건화된 본능대로 살아간다. 인간도 본능을 갖고 있지만 필요에 따라 본능을 억압하고 의식적인 선택을 한다. 그러나 동물들에게는 이것이 불가능하기 때문에 무거운 짐을 나르거나 인간에게 젖이나 고기를 제공하며 가축으로 이용당하는 고통을 당한다. 지옥, 아귀, 축생은 세 가지 낮은 영역에 속하기에 삼악도(三惡道)라고 한다.

한편 아수라는 질투하는 신들의 세계이다. 그들은 부와 권력을 갖고 있지만 천신(데바)들이 자기들보다 더 많은 것을 갖고 있다고 생각하여 그들을 시기하고 질투한다. 그래서 천신들과 전쟁을 벌이지만 번번이 패배하고 상처를 입는다. 그럼에도 그들은 물리적인 부와 권력이 전부가 아니라는 영적인 관점을 기르지 못한다.

육도의 마지막 세계인 천신계는 대단히 지적이고 선하지만 세속적인 평안함과 쾌락을 즐기는 사람들이 가는 곳으로 욕계, 색계, 무색계 세 가지 차원으로 나누어진다. 색계는 사마타를 수행해 선정에 든 사람이 환생하는 순수한 지각(知覺)의 세계이다. 무색계는 모든 지각이 정지된 세계로 공에 대해 명상했지만 공을 잘못 이해한 사람이 환생하는 곳이다. 이들의 고통은 지금 즐기는 즐거움이 끝난 후에 낮은 세계로 환생할 것에 대한 두려움이다. 물론 그것을 피하고 싶어 하지만 그들이 쌓아놓은 공덕이 다하게 되면 어쩔 수 없이 낮은 세계로 떨어지게 된다.

지옥의 분노와 아귀의 탐욕, 축생의 어리석음, 아수라의 질투 그리고 천신의 즐거움이 모두 공존하는 곳이 있다. 바로 인간계이다. 육도를 외부 세계에 실재하는 것으로 보아도 되지만 인간 세상에 대한 은유로 해석해도 무방하다. 사실 우리는 매 순간을 살면서 이러한 육도를 만나고 경험한다. 지옥 같은 잔혹한 폭력이 일어나는 것을 보고, 아귀처럼 집착과 탐욕 속에 사는 사람을 쉽게 발견한다. 매 순간 자기 자신과 다른 존재 안에 일어나는 분노와 탐욕, 어리석음, 오만함, 질투, 자기만족 등을 만난다.

윤회의 해로움을 명상하는 이유

깨달음(Bodhi), 해탈(Moksha), 열반(Nirvana)은 모두 자유와 해방을 뜻하는 말이다. 그러나 각각 그것이 의미하는 자유는 조금씩 다르다. 해탈은 모든 부정적이고 파괴적인 감정(번뇌)이 사라진 상태를 말한다. 다시 말해 부정적인 감정으로부터의 자유를 뜻한다. 만약 누군가 번뇌로부터 자유로워진다면 그는 더 이상 윤회할 필요가 없어진다. 이렇듯 윤회로부터 자유로운 상태를 해탈, 즉 니르바나라고 한다.

부정적 감정이라는 장애(번뇌장)와 윤회로부터 자유로운 사람을 아라하트(아라한)라고 하는데, 그러한 상태에서도 아직은 사물을 왜곡해서 인식하는 인지적 장애(소지장)을 갖고 있다. 그런데 보살은 열반을 성취해 더 이상 윤회할 필요가 없음에도 또다시 윤회 속으로 들어온다. 그러나 보살은 인과 법칙에 따라 마지못해 윤회하는 것이 아니라 모든 존재에게 이로움을 주겠다는 목적을 위해 자발적으로 윤회를 선택한다. 대승에서는 오로지 이러한 보살만이 더할 나위 없는 깨달음(bodhi)를 얻은 붓다가 될 수 있다고 본다.

붓다는 더할 나위 없는 깨달음(무상정득각)를 얻은 사람이다. 그 깨달음이란 파괴적 감정(정서적 장애-번뇌)뿐만 아니라 인지적 왜곡(인지적 장애-망상)으로부터 자유로운 상태이다. 해탈이 감정적인 장애로부터 자유로운 상태인 반면 깨달음은 부정적 감정뿐만 아니라 인지적 왜곡으로부터도 자유롭다. 우리가 다르마를 수행하는 이유는 이러한 부정적인 감정과 인지적인 왜곡을 극복하기 위해서이다. 적어도 강제적으로 윤회하는 것을 멈추기 위해 우리는 부정적 감정(번뇌)을 극복해야 한다.

파괴적인 감정이 우리 의식의 연속체(마음의 흐름) 안에 일어나면 그것이 씨앗이 되어 사후에 환생할 곳을 정하는 데 영향을 미친다. 앞에서 살펴보았듯 화를 많이 내는 사람은 지옥에 환생하고, 집착과 중독이 심한 사람은 아귀계에 환생한다. 알아차림 없이 본능대로 사는 사람은 축생계로, 자기중심적이고 오만한 사람은 인간계로, 시기 질투가 많은 사람은 아수라계에 환생한다. 따라서 부정적인 감정과 인지적 장애를 극복하지 않는다면 우리는 과거에 했던 행위(카르마)에 따라 강제적으로 윤회하게 된다.

그렇다면 우리는 왜 열반에 이르지 못한 존재들이 겪는 고통에 대해 명상을 해야 할까? 윤회에 대한 해로움을 숙고해야 할까? 붓다가 할 일이 없거나 우리에게 겁을 주기 위해 이러한 가르침을 만들어낸 것은 아닐 것이다. 우리 자신의 부정적인 감정으로 인해 육도에 떨어질 수 있다는 것을 알려주기 위해서이다. 무사가 자신의 적이 매복하고 있는 것을 알아차려야 그에 대비할 수 있듯이, 윤회의 해로움을 알아야 우리 안에 매복해 있는 부정적인 감정에 대처할 수 있다. 만약 무사가 게으르거나 방심하여 적의 존재를 눈치채지 못한다면 그는 자신의 적에게 당하고 말 것이다.

윤회의 해로움에 대해 숙고하는 것이 언뜻 생각하기엔 단순한 명상처럼 여겨지지만, 그것은 실로 우리에게 여러 이득과 깨달음을 준다. 우선 수행을 할 때는 우리 자신도 붓다가 될 수 있다는 자부심을 갖는 것이 중요한데, 그것은 긍정적인 영향을 미치기도 하지만 부정적인 영향을 미치기도 한다. 자신의 존재와 자신이 이룬 성취를 높게 평가하고 거기에 만족하는 것으로 끝날 수 있지만, 윤회의 해로움을 명상한다면 우리는 그러한 자신의 상태에 만족하지 않고 해탈과 열반을 향해 나가게 된다. 다른 한편으로는 부정적인 감정들이 우리를 윤회로 이끈다는 것을 자각하게 된다. 윤회의 원인이 무엇인지를 알게 되는 것이다. 따라서 부정적인 감정에서 벗어나기 위한 행동을 하게 된다. 이에 대해 산티데바는 이렇게 말했다. "(열반에 이르지 못한 존재들의) 고통에 대해 생각하면 우리의 우월감과 오만은 줄어들고 다른 존재에 대한 자비가 일어난다. 부정적인 행동을 피하고 긍정적인 행동을 기르려 하게 된다."

윤회의 해로움을 명상하는 것은 오늘날 많은 사람이 간과하는 근본적이고 중요한 가르침이다. 윤회하는 삶 속에는 행복이 없다는 것을 깨달아야 윤회에서 벗어날 방법을 찾고 그것을 위해 노력할 수 있기 때문이다.

Ⅲ. 귀의

윤회하는 삶의 피난처, 귀의

윤회하는 삶 속에는 진정한 행복이 없다는 것을 이해하고 윤회에서 벗어나기로 마음먹었다면 그다음으로 해야 할 일은 무엇일까? 우선은 자신이 어떤 상태에 있는지를 자각하고 자신의 행동(카르마)을 조심해야 한다. 가령 자신의 상태를 살펴보고 화가 나 있다는 것을 알게 된다면, 그것이 지옥에 떨어지는 원인이 될 수 있다는 것을 이해하고 화를 누그러트려야 한다. 집착에 사로잡혀 있다면 그것이 아귀계에 환생하는 원인이 된다는 것을 깨닫고 집착에서 벗어나려고 노력해야 하며, 기계적이고 무의식적으로 행동하고 있다면 그것이 축생에 떨어지는 원인이 될 수 있다는 것을 깨닫고 의식적인 행동을 하려고 노력해야 한다.

윤회에서 벗어나기 위해 두 번째로 해야 할 일은 위험으로 가득 차 있는 윤회하는 삶에서 피난처를 찾는 것이다. 그것을 '귀의'라고 한다. 귀의는 믿고 의지할만한 존재를 찾는 것이다. 윤회의 삶 속에서 그러한 피난처가 되는 것은 붓다, 다르마, 상가이다. 나가르주나는 우리가 귀의할 첫 번째 대상인 붓다에 대해 이렇게 말했다.

— ***붓다는 존귀한 분(세존 世尊)이며 여래이며 아라하트(아라한)이며 완전한 깨달음을 얻은 분입니다. 그는 고통의 바다를 건너간 분(선서 善逝)이며, 세상사의 이치를 완벽히 알고 계신 분(세간해 世間解)이며, 수행자들의 더할 나위 없는 스승이며 인간과 천상***

의 존재들의 지도자(천인사 天人師)입니다.

여기서 붓다는 깨달아야겠다는 생각을 의미하는 원인의 붓다(causal Buddha), 깨달음의 원력(force)이다. 이러한 깨달음에 대한 원력으로 우리는 결과의 붓다(resultant Buddha)를 성취할 수 있다. 나가르주나는 다르마에 대해서는 이렇게 말했다.

> ***— 존귀한 분은 우아하게 다르마를 말하고 제자들은 그것을 완벽하게 이해합니다. 다르마는 모든 오류로부터 자유롭습니다. 다르마는 오래 지속되고 다음 세대에게 전달되어도 그 뜻이 잘 유지됩니다. 다르마는 현자들이 자신의 경험을 통해 깨닫는 대상입니다.***

다르마는 우리를 깨달음으로 이끄는 지침이다. 다르마는 우리가 이생에서 행복하게 사는 방법을, 다른 존재들을 행복하게 만드는 방법을 가르쳐준다. 또한 다르마는 우리가 죽음의 순간에도 부정적인 생각이나 감정에 휩쓸리지 않고 후회 없이 떠나는 법을 가르쳐준다. 7대 달라이 라마는 "우리가 다르마에 따라 살았다면 죽음의 순간 정광명이 일어날 때 우리는 오랜 친구를 만난 것처럼 정광명을 두 팔 벌려 맞이할 수 있다"라고 말씀했다. 다르마를 수행하는 것을 통해 우리는 살아서나 죽어서나 자신과 다른 사람들에게 이익을 줄 수 있다. 직업이 무엇이든지 상관없이 우리가 다르마에 따라 산다면 자신과 다른 존재에게 항상 이익을 줄 수 있다.

> ***— 상가들은 깨달은 존재들의 말씀을 따르는 사람들입니다. 그들이 살아가는 방식은 훌륭하고 빈틈이 없으며 친절합니다.***

나가르주나는 상가에 대해서는 이와 같이 말했다. 상가에 귀의한다는 것은 다르마를 수행하여 높은 의식 상태에 이른 사람들에게 귀의한다는 것을 의미한다. 그런데 우리는 누가 높은 의식 상태에 이르렀는지 알기 어렵기에 스님들이나 법사님들 모두에게 존경을 표한다. 달라이 라마는 자신의 책에서 이런 말씀을 하신 적이 있다. "어떤 스님들은 대단히 위대합니다. 높은 지혜의 화신입니다. 또 어떤 스님들은 보통입니다. 다른 스님들은 보통에도 못 미칩니다."(웃음) 그리고 이 같은 말씀을 덧붙였다. "그러나 위대한 분, 보통인 분, 행실이 나쁜 분들까지도 모두 귀의의 대상입니다."

달라이 라마는 왜 행실이 나쁜 분들까지 우리의 귀의 대상이라고 말씀했을까? 어쩌면 그들이 우리에게 자신감을 심어주기 때문은 아닐까?(웃음) 만일 달라이 라마나 판첸 라마처럼 위대한 스승을 만나거나 붓다와 보살을 대하게 된다면 우리는 그들의 경지가 너무 높기 때문에 '내가 감히 저 경지에 이를 수 있을까' 하는 기분이 들어 쉽게 접근할 수 없을 것이다. 그러나 행실이 나쁜 스님을 만나면 '나도 저만큼은 하겠다'라는 자신감을 얻을 것이다. 말하자면 행실이 나쁜 스님들은 그런 식으로 우리에게 희망을 준다.(웃음)

다시 정리하면 붓다, 다르마, 상가를 믿고 의지하는 것을 귀의라고 하는데, 붓다에게 귀의한다는 것은 그의 깨달음의 여정을 본보기로 삼는다는 뜻이다. 다르마에 귀의한다는 것은 다르마를 우리 삶을 유지하는 규범으로 삼는다는 것이고, 상가에 귀의한다는 것은 붓다를 따르고 다르마를 수행하는 사람들을 동료로서 의지한다는 의미이다.

진정한 불교도의 의미

— 나모 구루비야(스승에게 귀의합니다), 나모 붓다야(붓다에게 귀의합니다), 나모 다르마야 (다르마에 귀의합니다), 나모 상가야(상가에 귀의합니다)

귀의를 하고자 할 때 우리는 이와 같은 만트라를 한다. 만트라를 할 때는 구루 요가에서처럼 우리 앞에 아미타바 붓다가 있다고 관상한다. 허공에는 많은 붓다들과 보살들이 있으며, 우리 오른쪽에는 남성성의 모든 존재가 자신의 아버지의 모습을 하고 있고 왼쪽에는 여성성의 모든 존재가 자신의 어머니 모습을 하고 있다. 귀의의 만트라를 할 때 이들은 우리를 따라 만트라를 한다고 상상한다. 그러면 우리 앞의 아미타바와 허공에 있는 붓다들과 보살들이 빛을 보내 세상을 가득 채우고 그 빛을 받은 모든 존재가 깨달음을 향해 진화한다.

지옥에서 고통을 당하고 있는 존재들조차 그 빛으로 인해 잠깐이나마 안식을 얻고, 아귀계에 있는 존재들도 그 빛으로 인해 잠시라도 평화를 얻게 된다. 귀의의 만트라가 끝나면 모든 붓다들과 보살들은 빛으로 변해 모든 존재 안으로 스며들어 간다고 생각한다. 붓다와 보살의 축복으로 인해 모든 존재의 의식 연속체(마음의 흐름) 안에 있는 번뇌와 망상이 사라지고 자비와 공의 지혜가 일어난다. 이 같은 방법으로 해가 떠 있을 때와 해가 졌을 때 각각 세 번씩 귀의함으로써 우리는 불교도가 된다.

그렇다면 불교도가 된다는 것은 무엇을 의미할까? 흔히 우리는 사법인(四法印)과 같은 불교 교리를 이해하고 있으면 불교도라고 생각하기 쉽다. 사법인이란 조건에 따라 일어나는 모든 것은 무상하고(제행무상 諸行無常),

감정적이고 인지적인 장애를 가진 모든 존재는 고통스러우며(일체개고 一切皆苦), 모든 현상은 공하며 실체가 없고(제법무아諸法無我), 번뇌의 불길(니르바나)을 끄면 평화를 얻을 수 있다(열반적정涅槃寂靜)는 네 가지 진리를 뜻한다. 그러나 자신이 언젠가 죽을 것이고 자신이 이루어놓은 모든 것들이 결국 사라지게 될 것이라는 사실을 이해하고 분노, 탐욕, 어리석음, 이기심, 질투, 자기만족이라는 파괴적인 감정을 가지고 있는 한 영원히 육도를 윤회할 것이라는 사실을 안다고 해서 진정한 불교도가 되는 것은 아니다. 공에 대한 철학을 이해했다고 해서, 모든 감정적인 장애를 극복하면 열반에 이른다는 것을 깨달았다고 해서 불교도가 되는 것도 아니다.

이와 관련된 일화가 있다. 티베트에 로종의 전통을 가지고 온 아티샤가 언젠가 티베트 큰절의 주지 스님과 만난 적이 있었다. 그는 팔십이 넘었고 학식이 높은 스님으로 왕에서부터 일반 백성들까지 모두에게 존경을 받았다. 그런데 아티샤는 그 스님과 몇 시간 이야기를 한 다음 이렇게 말했다. "사실 그대는 실제 불교도가 아닙니다. 붓다, 다르마, 승단에 대한 그대의 귀의는 진솔하지 않고 깊이가 없습니다." 그런 후 아티샤는 스님에게 삼 년 동안 안거에 들어 로종의 예비 단계부터 다시 수행하게 했다. 제아무리 나이와 학식이 높고 모든 이들에게 존경받는 스님일지라도 붓다와 다르마, 상가와 깊이 있는 관계를 맺지 못한다면 직업적인 승려일 뿐 진정한 불교도가 아니라는 것을 보여주는 일화이다.

영적인 삶의 출발점

세속적인 사람들은 이익을 추구하고 손실은 피하려 한다. 나 역시도 우울증에 시달리는 미국인들에게 인간의 소중한 삶에 대한 명상을 가르침으로써 그들이 항우울제를 사기 위해 지출하는 200억 달러를 챙기는 꿈을 꿀 때가 있다.(웃음) 그러나 삶에는 언제나 손실이 뒤따르게 마련이다. 때론 돈을 잃기도 하고 가족을 잃기도 하고 건강을 잃기도 한다. 한편 우리는 사람들에게 비난받지 않고 칭찬만 받기를 원하며, 사회적인 실패는 피하고 성공만 얻기를 바란다. 그러나 그 누구도 칭찬만 받고 성공만 얻을 수는 없다. 그 누구도 비난받지 않고 실패를 피하기만 할 수도 없다.

한편 우리는 즐거움을 추구하고 고통은 피하려고 한다. 어디에도 지진이나 쓰나미, 태풍을 원하는 사람은 없고 다른 나라가 자신의 나라를 침공하기 바라는 사람은 없지만 그런 일들은 비일비재하게 일어난다. 제쭌 드락파 걀첸은 "이러한 세속적인 조건들은 산 위에서 부는 바람 같은 것이다. 우리는 어떤 것이 우리에게 올지 알 수 없다. 우리는 우리가 원하는 대로 삶을 조절하려고 하지만 우리의 삶은 그런 식으로 흘러가지 않는다"라고 말했다.

우리가 선함과 깨달음을 제일 중요하게 생각한다면 부자로 살아도 좋지만 가난하게 살아도 나쁠 것이 없다. 반면 영적인 수행을 하지 않은 사람은 소유한 것들이 많을수록 더 많은 걱정과 긴장에 휩싸이게 된다. 그래서 7대 달라이 라마는 이렇게 말씀했다. "수행하지 않는 사람이 낙타 한 마리를 갖고 있을 때는 낙타 한 마리 분량의 두통을 겪고, 백 마리의 낙타들을 갖고 있을 때는 백 마리 분량의 두통을 겪는다."

탄트라 불교는 부와 번영을 거부하지 않지만 우리는 7대 달라이 라마의 다음 말씀을 잊어서는 안 된다. "삶에서 얻는 모든 것은 그대가 빌린 것으로 그대의 몸조차 빌린 것으로 생각하라. 그대가 사망하면 그 모든 것을 되돌려줘야 한다. 따라서 그것들을 그대 자신의 깨달음과 그대가 할 수 있는 모든 방식으로 세상을 돕기 위해 사용하라."

탄트라의 전통은 스님들이 아니라 재가자인 마하 싯다들에 의해 전수되어 왔다. 그런데 마하 싯다들이 재가자라서 그런지 그들은 종종 이름이 아니라 직업명으로 불렸다. 예를 들어 짐부빠라고 하는 마하싯다가 있었는데, 짐부빠는 원래 옷을 만드는 재단사를 의미하는 말이다. 그는 옷을 꿰매는 자신의 일을 명상으로 만들었고 그것을 통해 깨달음을 얻을 수 있었다. 사실 우리는 삶의 조각들을 꿰매는 재단사라고 할 수 있다. 우리는 누군가의 아내나 남편인 동시에 누군가의 어머니나 아버지일 수 있다. 사회적으로는 은행원이나 목수, 보모 등의 직업인일 수 있다.

우리가 어떤 역할과 직업을 갖고 있든지 간에 자신의 영적인 추구를 가장 중요하게 생각한다면 우리 삶의 조각들을 완벽하게 꿰맬 수 있다. 이러한 영적인 추구는 귀의로부터 시작된다. 귀의를 함으로써 자비와 지혜를 기르게 되는데 귀의를 하지 않는 것과는 큰 차이가 있다. 7대 달라이 라마는 "마음 훈련(로종)을 잘한 사람에게는 큰 고통도 작은 불편함 정도로 여겨지지만 마음 훈련이 되지 않은 사람에게는 작은 불편함도 큰 고통처럼 느껴진다"라고 말씀했다. 나의 스승들 중에는 법문을 하다가 심장마비로 돌아가신 분이 있는데, 그는 사람들의 추측과는 달리 명상 자세로 행복한 미소를 지으며 열반에 들었다. 불교 수행은 우리 삶의 생노병사를 제거해주지는 않지만, 그것들을 고통이 아닌 기쁨 안에서 경험하도록 해준다.

3장

두 가지 보리심 일으키기

두 번째 요점

깨달음을 방해하는 궁극적 장애

마음을 훈련하는 일곱 요점 중 핵심에 해당하는 두 번째 요점은 우리의 관심을 다르마에 돌려 수행에 집중할 수 있게 도와준다. 그 원문의 첫 문장은 다음과 같은데, 예비 수행이 어느 정도 성과를 이루면 본 수행에 들어가라는 의미이다.

—***익숙해지면 이 비밀 수행을 가르쳐라.***

그렇다면 본 수행은 어떻게 해야 할까? 바로 보리심(bodhichitta)을 일으키는 것이다. 보리심이라 함은 붓다의 마음을 뜻한다.

—***모든 비난을 한 가지 탓으로 돌려라.***

두 번째 요점의 원문에서 위 문장은 모든 불행과 고통을 한 가지 탓으로 돌리라는 것으로 그것은 바로 자신을 가리킨다. 우리는 남보다 자신을 특별하게 여기는 성향(rang bces—par 'dzin—pa)인 이기심이라는 태도를 가지고 있다. 산티 데바는 입보리행론(Bodhicharyavatara)에서 이 같은 말을 했다.

—***존재하는 모든 행복은 다른 존재들이 행복하기를 바라는 데서 시작하네. 그렇지만 존재하는 모든 불행은 자신만의 행복을 바라는 데서 시작하네. 더 말해서 무엇하리. 영적으로 미성숙한 사람은 자신만을 생각하지만 붓다는 오로지 다른 존재들만을 생각하네. 이 둘의 차이를 보라.***

사실 보통 사람과 붓다의 차이는 자신을 특별히 여기는 성향에서 비롯되는데, 우리는 왜 자신을 특별하다고 여기는 것일까? 그것은 자아에 대해 집착(Skt. ātmagrāha; Tib. dak dzin) 때문이다. 여기서 말하는 자아(atman)는 '내가 있다'는 느낌으로 다른 것과 분리된 '나'라는 존재가 영구적으로 있다고 생각하는 것이다. 사과를 예로 들면, 우리는 사과가 둥글고 빨갛고 달콤한 고정불변의 성질을 갖고 다른 것과 분리되어 존재한다고 느끼고 그렇게 생각한다. 그러나 이것은 사실이 아니다. 우리가 생각하는 사과의 자아는 없다. 사과꽃이 떨어지고 그 자리에 사과가 처음 열렸을 때 사과는 둥글지도 않고 빨갛지도 않고 달지도 않다. 또 사과가 익어 나무에서 떨어져 썩게 된 후에도 사과는 둥글지도 않고 빨갛지도 않고 달지도 않다.

내 경우를 예로 들어도 마찬가지이다. 여기 글렌이라는 이름을 가진 남자에 대해 여러분은 캐나다 출신이며 불교도이자 법사라고 규정할지 모른다. 그러나 글렌이라는 이름도 캐나다라는 국적도 종교도 직업도 변할 수 있다. 나는 육도를 윤회하는 동안 여러 이름으로 불리었고 여러 지역에서 태어났고 여러 종교와 직업을 가졌다. 이렇듯 현실이라는 것은 고정됨이 없이 계속 변화하기 때문에 사과에게도 내게도 고정불변의 자아란 것은 없다.

사과도 공하고 나도 공하다. 그럼에도 우리는 세상과 분리된 내가 영구적으로 존재한다는 느낌, 세상과 분리된 사과가 영구적으로 존재한다는 느낌을 갖는다. 이러한 착각으로 인해 우리는 있는 그대로의 사실을 보지 못하고 왜곡된 사실을 본다. 이 같은 무지에 대해 나가르주나는 어둠 속에서 밧줄을 보고 뱀이라고 착각하는 것에 비유했다. 이것은 우리가 깨달음에 이르는 것을 방해하는 첫 번째 장애로서 모든 무지의 기반이 되기 때문에 '궁극적인 장애'라고 한다. 나가르주나의 제자였던 아리야데바(Aryadeva)는 이렇게 말했다.

우리는 자신에게 고정된 자아(정체성)가 없다는 것, 즉 자아가 공하다는 것을 모르기 때문에 자기와 자기 아닌 것을 구별하고 자기를 자기 아닌 것보다 중요하게 여긴다. 자신을 특별히 여기는 성향과 자아에 대한 집착이야말로 깨달음에 이르는 것을 방해하는 가장 큰 장애이다. 이 같은 성향과 장애를 없애기 위해 우리는 보편적인 사랑과 연민, 다시 말해 자비를 키운다. 또한 자아에 대한 집착을 극복하기 위해 모든 존재에 고정된 자아(정체성)는 없다는 것을 깨닫기 위한 공에 대한 명상을 한다. 이러한 공에 대한 지혜와 보편적 사랑과 연민을 '보리심(붓다의 마음)'이라고 한다. 붓다는 모든 존재에게 고정된 자아가 없다는 것을 알기 때문에 모든 존재를 한결같이 사랑과 연민으로 대한다.

독수리의 날개와 같은 두 가지 보리심

모든 것이 공하다는 절대적 진리를 '궁극적인 보리심'이라고 한다. 반면 그러한 절대적인 진리가 관계 안에서 사랑과 연민으로 표현되는 것을 '상대적인 보리심'이라고 한다. 붓다의 모든 가르침은 살아있는 모든 존재를 길들이는 것을 목표로 한다는 말이 있다. 인도인들과 티베트인들은 길들인다는 표현을 좋아할지 모르지만 서양인들은 그렇지 않다. 길들인다는 뜻을 가진 산스크리트어, 다먀티(daamyati)는 야만적인 상태에서 문명화된 상태로 발전한다는 뜻을 가지고 있다. 여기서 문명화라는 의미는 사회가 발전하는 것을 뜻하기보다는 우리의 의식이 야만적인 상태에서 깨달음의 상태로 발전하는 것을 뜻한다. 우리는 궁극적인 보리심과 상대적인 보리심, 다시 말해 공의 지혜와 자비를 길들임으로써 우리 안에서 이 같은 문명화를 이룰 수 있다. 아리야데바(Aryadeva)의 제자인 찬드라키르티(Candrakirti)가 쓴 입중론(Prasannapada 나가르주나의 중론에 대한 주석서)에는 이러한 내용이 있다.

— ***궁극적인 보리심은 우리를 깨달음으로 이끄는 눈과 같고, 상대적인 보리심은 우리를 깨달음으로 데려가는 다리와 같다.***

공의 지혜가 없는 자비는 걸을 능력은 있지만 나갈 방향을 찾지 못하는 맹인과 같다. 반면 자비 없는 지혜는 나갈 방향은 찾을 수 있지만 걸을 수 없는 절름발이와 같다. 그렇기 때문에 깨달음에 이르기 위해서는 궁극적인 보리심과 상대적인 보리심이 모두 필요하다. 7대 달라이 라마는 자신의 시를 통해 이런 말씀을 한 적이 있다.

— ***우리는 궁극적인 보리심과 상대적인 보리심이라는 두 날개로 나는 독수리처럼 되어야 한다.***

독수리는 양쪽 날개의 균형을 맞춰야 날 수 있다. 마찬가지로 우리도 궁극적인 보리심과 상대적인 보리심을 균형 있게 길러야 한다. 깨달음을 위해 우리는 공에 대한 지혜만큼 자비를 길러야 한다. 공에 대한 지혜나 자비심 하나만으로는 깨달음에 이를 수 없기 때문이다.

두 가지 보리심을 기르는 수행을 할 때 우리는 궁극적인 보리심을 기르는 수행을 먼저 할 수도 있고 상대적인 보리심을 기르는 수행을 먼저 할 수도 있다. 과거에 티베트에서는 스승들이 제자의 성향을 보고 그들이 무엇부터 먼저 수행할지를 결정해주었다. 감정적인 제자에게는 상대적 보리심을 먼저 수행하게 했고, 지적인 성향의 제자에게는 궁극적인 보리심부터 수행하도록 했다.

Ⅰ. 궁극적인 보리심 수행하기

무아와 공의 차이

궁극적인 보리심을 수행한다는 것은 공에 대해 명상한다는 말로 요약될 수 있다. 하지만 공을 직접 깨닫는 것은 물론 그것을 개념적으로 이해하는 것조차 그리 쉬운 일은 아니다. 그래서 1대 달라이 라마는 자질이 뛰어난 사람은 궁극적인 보리심을 기르는 명상을 먼저 하고, 그보다 자질이 못한 사람은 상대적인 보리심을 기르는 자비 수행을 먼저 하라고 조언했다. 왜냐하면 자질이 부족한 사람이 공에 대한 명상을 먼저 하면 여유로움, 유연함, 개방성을 잃어버리고 삼매가 주는 즐거움과 평안함에 빠져버리기 때문이다.

가장 큰 틀에서 공에 대한 명상을 지칭하는 말은 '비파사나(Vipashyana)'이다. 비파사나는 특별하다 또는 우월하다는 뜻을 가진 비쉐사(vishesa)와 본다라는 뜻을 가진 파사나의 합성어이다. 따라서 이를 직역하면 사물을 보는 우월한 방식이라는 뜻이 된다. 비파사나에 해당하는 티베트어 용어는 '락통(lhag mthong)'으로 독특하다는 뜻의 락(lhak)과 보다라는 뜻을 가진 통(tong)의 합성어이다. 즉 사물을 보는 독특한 방식을 뜻한다.

어원적으로 보면 비파사나는 사물을 바라보는 특정한 방법(灌法)이다. 상좌부에서 비파사나는 모든 것이 무상하고 실체가 없다는 것(무아)을 보는(통찰하는) 명상인 반면에, 나가르주나로부터 시작된 대승의 비파사나는 모든 것이 공하다는 것을 보는(통찰하는) 명상이다. 그렇다면 모든 것을 무아라고 보는 관점과 모든 것이 공하다고 보는 관점의 차이는 무엇일까? 무아와 공의 차이는 무엇일까?

무아는 다른 것들로부터 완전히 독립된 존재로서의 실체는 없음을 의미한다. 반면 공은 비결정성 혹은 불확정을 의미한다. 말하자면 어떤 것도 그 자체로 결정된 속성을 갖지 않는다는 것이다. 만약 사물이 어떤 속성을 갖게 된다면 그 속성은 다른 것들과의 관계에 의한 것이다. 가령 밤은 그 자체로 의미를 갖고 있지 않지만, 낮과 비교될 때는 그 의미를 갖는다. 만약 낮이 없다면 밤이라는 것은 규정될 수 없다. 말하자면 밤은 낮이라는 것과의 관계 안에서만 의미를 지닌다. 밤이 무엇인지 규정하기 위해서는 먼저 낮이라는 것이 규정되어야 한다. 낮이라는 개념 없이는 밤이라는 개념이 성립되지 않기 때문이다. 그 어떤 사건이나 존재도 그것 자체로는 어떤 의미를 갖지 못한다. 그것이 어떤 것인지 결정되기 위해서는 그것 이외의 것들이 필요하다. 그 어떤 것도 그 이외의 다른 것들과의 관계를 떠나서는 성립되지 않는다.

이렇듯 모든 것은 자기 아닌 것들에 의지해 규정되고 생겨난다. 대승에서는 이것을 '연기'라고 한다. 나가르주나는 공을 연기와 같은 것으로 보았다. 그런 점에서 공은 무아와 다르다. 무아가 사물의 실체가 없음을 의미한다면, 공은 사물의 실체가 없다고도 있다고도 규정할 수 없음을 의미한다. 사실 나가르주나는 중론의 사구부정에서 실체가 있음과 실체가 없음을 부정하는 것에서 더 나아간다.

— *(모든 것은) 실재 한다, 실재 하지 않는다, 실재 하는 동시에 실재 하지 않는다, 실재 하는 동시에 실재 하지 않는 것이 아니다.*

공은 어떤 것이 실재한다고 혹은 실재하지 않는다고 결정하지 않는다. 티베트 불교에서 공을 정의하는 말은 닥 체 당 드랄와(tak ché dang dralwa)이다. 이 말은 영속주의(실체 있음, 實有)와 허무주의(실체 없음, 斷滅)로부터 벗어났다는 뜻을 가진다. 즉 공은 무아처럼 실체가 없음을 뜻하지 않는다. 공은 실재하는 것과 실재하지 않는 것 사이에 머문다. 존재하는 것과 존재하지 않는 것 사이에 머문다. 이런 점에서 무아와 공은 다르다고 할 수 있다.

공 명상에 대한 다섯 구절

소승의 비파사나는 사념처 수행으로 요약될 수 있다. 즉 호흡과 몸, 생각과 감정으로서의 마음, 현상 등을 관찰하고 그것이 무상하고 실체가 없다는 것에 대해 숙고한다. 반면 대승의 비파사나는 숙고를 통해 사물을 공하게 보는 관법을 세우고 그런 다음 공의 자각 속에 머문다. 앞서 설명했듯이 로종(마음 훈련의 일곱 요점)을 티베트에 가져온 아티샤는 나가르주나로부터 내려오는 심오한 지혜의 전통과 마이트레야—아상가로부터 내려오는 광대한 보살행의 전통을 통합했다. 심오한 지혜의 전통은 중관학파와 관련이 있고, 광대한 보살행의 전통은 유식학파와 관련이 있다. 그런데 중관학파와 유식학파는 모두 공에 대해 말하지만 이론 면에서나 수행 면에서 차이를 보인다. 로종에는 공 명상과 관련한 다섯 구절이 있다. 그중 처음 세 구절은 나가르주나로부터 시작된 심오한 지혜 전통에서 내려오는 공 명상인데, 그 세 구절은 다음과 같다.

1. 모든 현상을 꿈처럼 여겨라.
2. 태어나지 않은 마음의 본성에 대해서 탐구하라.
3. 상대는 자신의 영역 안에서 자유로워진다.

이 세 구절은 공을 세 가지 방식으로 숙고하는 것과 관련 있는데, 첫 구절은 현상(다르마)의 공함을 숙고하라는 의미이다. 두 번째 구절은 마음(정신 연속체)의 공함을, 세 번째 구절은 공의 공함에 대해 숙고하라는 뜻이다. 그런데 이러한 공 명상은 나가르주나가 가르쳤던 방식과는 조금 다르다. 나가르주나는 네 가지 방식으로 공을 파악하라고 했다. 첫 번째는 자신의 몸을 관찰하는 것이고, 두 번째는 정신 연속체(마음의 흐름)을 관찰하는 것이다. 세 번째는 몸의 바깥을 관찰하는 것이며 네 번째는 정신 연속체(마음의 흐름) 바깥을 살피는 것이다.

우리는 자신의 몸과 마음을 아울러 '나'라고 한다. 그리고 자신의 몸 바깥과 마음 바깥을 현상, 다르마[3]라고 한다. 요컨대 나가르주나의 공 명상

---

3) 다르마는 세 가지 뜻이 있다. 첫째는 '법칙'이라는 뜻으로 우주를 작동하는 하나의 원리라고 할 수 있다. 이러한 우주의 원리는 붓다의 가르침과 일치하기 때문에 다르마의 두 번째 의미는 '붓다의 가르침'을 뜻하며, 우주 안에 모든 현상이 이 원리에 따라 일어나므로 그 세 번째 의미는 '모든 현상'을 뜻한다.

에서는 다르마가 공하다는 것(법공 法空)과 내가 공하다는 것(아공 我空)을 숙고한다. 그러나 로종에서는 다르마가 공하고, 마음이 공하고, 공성 그 자체가 공하다는 것을 숙고한다.

로종의 네 번째 구절은 광대한 보살행의 전통에서 나온 공 명상에 대한 것이다. 다시 말해 유식학파의 공 명상이라고 할 수 있는데, 그 구절은 다음과 같다.

> *4. 깨달음에 이르는 길의 핵심은 모든 것의 바탕(아라야) 안에 머무는 것이다.*

중관학파의 공 명상이 숙고를 통해 마음과 현상과 공성이 공하다는 것을 본다면, 유식학파의 공 명상은 공에 대한 자각 속에 머무는 특징을 가진다. 이러한 공의 자각이야말로 우리 마음의 본성, 불성이다. 네 번째 구절에서 모든 것의 바탕(아라야)이라함은 아라야식을 뜻하지 않는다. 아라야는 모든 것의 바탕으로 자각과 분리되지 않은 공성을 말한다.

로종의 다섯 번째 구절은 다음과 같은데, 공 명상을 하지 않을 때 일상생활에서 우리가 가져야 할 태도에 대해 말하고 있다. 말하자면 공 명상을 할 때와 그렇지 않을 때의 차이를 줄이는 시도라고 할 수 있다.

> *5. 명상을 하지 않을 때는 환상의 존재처럼 되어라.*

모든 현상을 꿈처럼 보라 · 첫 번째 구절

로종에 소개된 공 명상에 대한 다섯 구절의 의미를 좀 더 구체적으로 살펴보자. 우선 '모든 현상을 꿈처럼 보라'라는 첫 번째 구절에서 모든 현상은 다르마(법)를 뜻한다. 다시 말해 이 구절은 모든 외부 대상의 공함을 보라는 의미를 담고 있다. 그런데 왜 모든 대상을 꿈처럼 보라는 말로 대신했을까? 공을 왜 꿈에 비유했을까? 이에 답하기 위해서는 먼저 꿈 요가에 대해 알아볼 필요가 있다.

꿈 요가의 첫 번째 단계는 꿈꾸는 상태에서 자신이 꿈속에 있음을 자각하는 것이다. 흔히 '자각몽'이라고 하는데 자각몽을 하기 위해서는 현실(실체)과 허구(실체 없음), 나와 대상 사이에서 교묘한 줄타기를 해야 한다. 만약 우리가 꿈속에 나타나는 대상들을 진짜로 여기고 정신이 팔린다면 그 꿈을 바라보는 나는 없어진다. 자신이 꿈속에 있다는 사실을 잊어버리고 꿈속에 빠져버리고 만다. 반면 우리가 꿈속에서 만나는 대상들이 실체가 아니고 환영일 뿐이라고 무시하고 꿈꾸는 자신에게만 집중한다면 그 꿈은 사라지고 우리는 꿈에서 깨어난다.

자각몽 단계의 꿈 요가를 하기 위해서는 꿈속에 나타나는 대상들을 어느 정도 현실처럼 느껴야 하는 동시에 그것이 허구(maya)라는 것을 알아야 한다. 다시 말해 실재하는 것과 실재하지 않는 것 중간에 머물러야 꿈 요가를 할 수 있다. 사물이 실재하는 것과 실재하지 않은 중간에 우리가 있다고 보아야 한다. 그런데 이것은 깨어있는 상태에서도 마찬가지이다. 우리의 삶을 전적으로 즐기기 위해서는 어느 정도 사물들이 보이는 모습(rupa)을 인정해야 한다. 말하자면 어느 정도 그것이 다른 사물들과 독립해서 존재한다고 느껴야 한다. 그러나 그와 동시에 그것이 다른 사물들과 완전히 독립된 실체가 아님을 알아야 한다. 왜냐하면 그것은 여러 조건과 상황, 즉 연기에 따라 일어나는 것이기 때문이다.

가령 우리 앞에 밀크티가 있다고 해보자. 우선 우리는 교육을 통해 밀크티에 대한 개념을 가지고 있어야 한다. 그렇지 않으면 실제로 밀크티를 봐도 우리는 그것이 밀크티인 줄 모르고 그것이 존재하는지도 모른다. 사실 밀크티라는 개념을 갖는다는 것은 밀크티와 밀크티가 아닌 것을 구별해 본다는 것이다. 말하자면 다른 것들과 독립된 실체로서의 밀크티를 본다는 의미이다. 우리가 마시는 밀크티는 허구의 것이 아니다. 밀크티를 마시고 삼십 분 후쯤 화장실에 가게 될 것이다. 밀크티가 허구의 것이라면 우리는 그 때문에 화장실을 가는 일은 없을 것이다. 그러나 그것은 실체로 존재하지 않는다.

밀크티는 물과 우유, 홍차잎, 설탕으로 만드는데 그 재료들은 우주 도처에서 온 것들이다. 홍차잎만 하더라도 차나무가 자라려면 햇빛이 필요하다. 홍차잎은 햇빛을 받으며 자라났지만, 우리는 찻잎을 보면서 거기에 햇살이 있다고 생각하지 않는다. 홍차잎은 밤에는 달빛과 별빛을 받았겠지만, 우리는 차를 마시면서 달의 맛이나 별의 맛이 난다고 하지 않는다. 그러나 찻잎은 수많은 원인과 조건에 의해 일어난 것이다. 다른 원인과 조건으로부터 분리된 찻잎은 존재하지 않는다. 따라서 밀크티는 실체로 존재하기도 하고 존재하지 않기도 한다. 또한 어떻게 보면 실체로 존재하는 것도 아니고 실체로 존재하지 않는 것도 아니다.

이것은 다만 밀크티에만 해당되는 것이 아니다. 모든 것에 적용된다. 모든 것은 실체로 존재하면서도 실체로 존재하지 않는다. 실체로 존재하는 동시에 실체로 존재하지 않는다. 실체로 존재하는 것도 아니고 실체로 존재하지 않는 것도 아니다. 이렇듯 모든 현상을 꿈처럼 보라는 것은 외부 대상을 실재하는 것과 실재하지 않는 중간 상태로 보라는 것을 의미한다. 이 같은 방식을 중관이라고 하는데, 사실 이것은 유연하고 열려있는 관점이다. 그래서 이러한 방식을 공관이라고 한다.

태어나지 않은 마음의 본성을 탐구하라 · 두 번째 구절

'모든 현상을 꿈처럼 보라'라는 첫 구절이 현상의 공함에 대해 숙고하는 것이라면, '태어나지 않은 마음의 본성에 대해 탐구하라'라는 두 번째 구절은 마음의 공함에 대해 숙고하라는 의미를 담고 있다. 이제 우리는 외부 대상(현상)이 실체가 없다는 것을 알았다. 연꽃이 독립된 실체가 아니라 습지로 흘러들어온 시체나 배설물, 햇빛, 달빛, 비, 바람 등 수많은 요소의 상호작용을 통해 피어난 것임을 이해했다. 그러나 우리는 외부대상이 공하다는 것을 인정하고 나서도 그것을 인식하는 나(마음)는 다른 것과 상관없이 홀로 존재한다고 생각한다. 과연 정말 그러할까?

우리는 경험적으로 마음이 있다는 것을 잘 알고 있다. 마음이 없다면 마음이 공하다는 것에 대해 생각할 수 없기 때문이다. 마음은 두 부분으로 나뉘어 있다. 뭔가를 아는 자각 능력을 가지고 있고, 생각이나 감정을 일으키는 힘이 있다. 그런데 우리의 자각 능력은 상태에 따라 달라진다. 잠을 잘 때, 꿈을 꿀 때, 깨어있을 때의 자각 능력이 다르고 몸의 상태에 따라서도 달라진다. 피곤할 때보다 몸의 상태가 좋을 때의 지각 능력이 훨씬 좋다. 한편 우리의 생각과 감정은 외부의 자극을 받는다. 자신이 좋아하는 사람을 만나면 즐거워지지만, 싫어하는 사람을 만나면 짜증이 난다.

마음이 가지고 있는 자각 능력은 독립된 실체가 아니다. 왜냐하면 외부의 조건과 원인(연기)에 의해 일어나는 것이기 때문이다. 마음 안에 일어나는 생각과 감정 또한 독립된 실체가 아니다. 외부의 자극을 받지 않으면 좋다거나 싫다는 생각이나 감정이 일어나지 않을 것이기 때문이다. 마음의 자각 능력도, 마음 안에 일어나는 생각과 감정도 결국 모두 연기에 따라 일어나는 것이다.

가령 한 남자가 어떤 여자를 만났는데, 그녀와 결혼해서 많은 아이를 낳고 싶을 만큼 그녀의 아름다움에 끌렸다. 그렇다면 그를 매혹하는 그녀의 아름다움은 어디에서 오는 것일까? 그 아름다움의 실체를 찾아보면 사실 그녀를 아름답다고 판단한 기준은 그의 마음에 있다고 할 수 있다. 이 같은 판단 기준은 자신의 취향뿐만 아니라 사회와 문화적인 규정에 영향을 받는다. 어느 문화권이나 미인의 규정이 있는데 그 규정은 문화권마다 달라진다. 또 사람들마다 아름다움에 대한 기준이 있다. 우리 눈앞에 있는 여자가 미인에 대한 개인적, 문화적 판단 기준과 맞아떨어질 때 우리는 그녀가 아름답다고 느낀다. 따라서 미인이라는 것은 어떤 원인이나 조건에 영향받지 않고 존재하는 것이 아니다.

대상을 바라보는 나의 습관이나 조건에 영향받지 않고 그 자체로 존재하는 외부대상이 있을까? 내 마음과 분리되어 존재하는 외부대상이 과연 있기나 한 것일까? 외부대상은 그것을 바라보는 내 마음에 영향을 받는다. 그렇다면 외부대상은 오로지 내 마음이 만들어낸 창조물일까? 내 마음에 영향받지 않는 외부대상이 존재할까?

우리는 마음이 몸과 외부 대상(현상)과 다르다는 것을 알고 있다. 그런 면에서 마음도 몸도 외부 대상도 서로 분리되어 있고 실체로 존재한다. 그러나 마음은 몸이나 외부 대상에 영향을 받고, 몸 또한 마음과 외부 대상에 영향을 받는다. 그것은 외부 대상도 마찬가지이다. 우리 몸의 상태와 마음 상태에 따라 같은 대상이라도 다르게 경험된다. 따라서 마음도 몸도 외부 대상도 실체로 존재하지 않는다. 그들 모두는 실재하는 동시에 실재하지 않는다. 혹은 실재하는 것도 아니고 실재하지 않는 것도 아니다.

서양에서 법문을 할 때 나는 공(emptiness)이라는 말보다 무한(infinity)이라는 말을 더 자주 사용한다. 서양에서 텅 비었다는(empty) 말은 공허한 느낌을 주기 때문이다. 불교에서는 애착을 일으키는 대상, 혐오감을 일으키는 대상, 전혀 흥미를 일으키지 않는 대상 등 세 가지 대상에 대해 말하는데, 공은 어느 대상에도 속하지 않는다. 공은 좋은 것도 나쁜 것도 아니며 흥미를 일으키지 않는 것도 아니다. 그것은 정해진 바가 없다.

태어나지 않은 마음의 본성에 대해 탐구하라는 것은 마음 자체도 공하다는 것을 의미한다. 마음은 고정된 속성도 경계도 가지고 있지 않다. 과거에도 그랬고 지금도 그렇고 앞으로도 그럴 것이다. 붓다의 마음은 공하다. 히틀러의 마음도 공하다. 모든 행복과 불행은 공의 바탕 위에서 일어났다가 사라진다. 외부 대상이나 현상처럼 마음도 공하다는 것을 꿰뚫는 통찰은 우리를 열반으로 이끌어준다. 이러한 마음의 본성에 대한 통찰은 우리를 붓다의 자비, 힘, 따뜻함, 아름다움으로 이끌어준다.

상대는 자신의 영역 안에서 자유로워진다 · 세 번째 구절

산과 들, 집, 남자, 여자 등등과 같은 외부의 대상들이 다른 것들로부터 독립된 실체로 보이지만 사실 이들은 실체가 없다. 그 모든 것은 꿈에서 보는 산, 집, 사람과 같다. 이러한 외부 대상을 파악하는 나의 의식과 마음 또한 흐르는 강물처럼 끊임없이 변한다. 따라서 외부 대상(다르마)도 공하고 나도 공하다. 사실 외부 대상과 나라는 존재는 서로가 서로를 의지하여 발생한다. 지각하는 내가 없다면 외부 대상은 존재하지 않는다. 외부의 대상이 없다면 그것을 지각하는 나 역시 존재하지 않는다. 대상과 주체는 상호의존적이며 서로 독립적으로 존재하지 않는다.

그런데 우리가 대상도 주체도 공하다는 것을 알게 되었다고 해도 그것을 아는 지각은 실재한다고 느낀다. 지각되는 외부 대상도, 지각하는 나도 없다면 공에 대한 지각(지혜)도 성립하지 않는다. 거기에 깨달아야 할 공의 지혜가 있는 것도 아니고, 그것을 깨닫는 내가 있는 것도 아니며, 공을 깨닫는 행위가 있는 것도 아니다. 공의 지혜도 공하고, 그것을 깨닫는 나도 공하고, 공을 깨닫는 행위도 공한 것이다. 다시 말해 공을 깨닫는 자도, 깨달음의 대상인 공도, 깨달음의 행위도 상호의존적이다. 상대가 없을 때는 그 어떤 것도 존재하지 않는다.

그렇다면 공이란 무엇일까? 공은 어떤 특정한 것을 가리키기보다 사물의 진실이 우리가 경험하는 것과 다름을 의미한다고 할 수 있다. 진실은 우리가 평소 경험하고 알고 있는 것과는 다르다. 탁자를 예로 든다면, 우리가 탁자로 보는 것이 북극의 에스키모에게는 불에 잘 타는 땔감으로 보일 것이고, 흰개미에게는 갉아먹을 먹잇감으로 보일 것이다. 상상력이 풍부한 아이의 경우에는 그것을 우주선으로 여기며 놀지도 모른다. 우리는 자신의 개념으로서 탁자로 보기도 하고, 땔감으로 보기도 하고, 먹잇감 또는 우주선으로 보기도 한다. 자신의 개념을 투사하여 그것에 따라 이름을 붙인다. 그러나 실제로 이것이 보이는 방식은 정해져 있지 않다. 다시 말해 공하다. 공하다는 것은 어떤 것을 지칭하는 단어가 아니다. 모든 것은 그것이 주변의 수많은 요소들과 맺고 있는 관계망 안에서만 그 의미를 갖게 된다는 것을 뜻한다.

그런데 우리는 상상할 수 없고 표현할 수 없는 의미에 '공'이라는 이름을 붙이고 그것을 개념적으로 이해하려고 한다. 이렇듯 교학적으로 공을 접근하는 방식에는 위험이 따른다. 불교를 학문적으로 접근하는 학계에만 이러한 일이 일어나는 것은 아니다. 수행에 전념하는 절에서도 이러한 일이 일어난다. 지난 수 세기 동안 공을 학문적으로 이해했지만 직접적으로 그것을 깨닫지 못한 스님들이 많았다. 수행에만 전념하는 스님들도 이럴진대 일반 재가자들은 어떻겠는가. 공을 직접 체험하지 못하고 개념적으로만 이해하는 경우는 더욱 많을 것이다.

10세기 인도에는 나로파라는 사람이 있었다. 그는 날란다 불교 대학의 유명한 스님으로 불교 교리에 대해 모르는 것이 없는 학자로 알려져 있었다. 그러던 어느 날, 더럽고 추한 떠돌이 노파가 그에게 나타나 무엇을 하고 있냐고 물었다. 그가 불교 경전을 읽고 있다고 답하자, 노파는 "공에 대해 설명한 경전들은 대단히 어렵다고 하는데 스님은 그것을 다 이해합니까?"라고 물었다. 나로파는 그렇다고 답했고, 노파는 기쁜 듯 미소 지으며 다시 물었다. "경전에 아무리 공에 대해 잘 설명해 놓아도 그 미묘한 뜻을 미처 설명하지 못한다고 하는데 스님은 그 뜻을 아십니까?" 나로파가 그렇다고 답하자, 그 노파는 갑자기 울기 시작했다. 나로파가 그 이유를 묻자 노파는 대답했다. "지금 스님이 제게 거짓말을 했기 때문입니다."

나로파는 그 시대에 가장 훌륭한 불교학자였지만 공을 경험적으로 깨닫지 못했던 것이다. 사실 나로파 앞에 나타난 이 노파는 예사로운 사람이 아니었다. 그녀는 위대한 성자였다. 나로파가 그녀에게 공을 깨닫기 위해 어떻게 하면 좋겠느냐고 묻자, 그녀는 산으로 가서 틸로파를 만나라고 조언했다. 이러한 연유로 나로파는 틸로파를 만나게 되었고 그의 밑에서 십 년 동안 수행을 했다. 그 결과 그는 공을 개념적이 아닌 경험적으로 깨닫게 되었다. 말하자면 그제야 그는 달을 가리키는 손가락이 아닌 달 자체를 보게 된 것이다.

말은 어떤 대상을 가리키는 상징일 뿐 그 대상을 대신할 수는 없는 것이다. 사과라는 말을 안다고 해서 사과의 맛을 아는 것은 아니듯, 공이라는 말을 안다고 해서 공을 깨달은 것은 아니다. 그럼에도 우리는 종종 개념적으로 이해한 공을 마치 경험적으로 깨달은 것처럼 착각한다. 나로파처럼 당대 가장 위대한 스님마저도 그와 같은 착각에 빠졌었다. 따라서 우리는 공에 대한 책을 읽고 이해하는 데 만족해서는 안 된다. 가능한 한 훌륭한 구루를 찾아가 가까이 앉아 그의 눈을 들여다보아야 한다. 그 어디에서 공의 지혜가 반짝이고 있는지 살펴봐야 한다. 그리고 구루의 행동도 살펴봐야 한다. 그가 어떻게 희망도 공포도 없이, 어떤 메임이나 속박도 없이 행동하는지 살펴봐야 한다. 나의 한 스승은 법문하다가 심장마비가 온 것을 느끼면서도 법문을 하셨고, 이후 앉아서 임종을 맞이했다.

자신의 몸도 마음도 외부의 대상도 그 자체로 정해진 바가 없음을 알 때 하늘처럼 텅 빈 공의 지혜가 일어난다. 이렇게 공을 직접 경험하게 되면 우리는 모든 사물이 그 자체로 고정된 속성(실체)을 가졌다는 착각과 자아에 대한 집착에서 벗어나게 된다. 그렇게 우리는 우리 자신을 무명으로 이끌어왔던 인식론적 장애에서 벗어나게 된다. 이러한 공에 대한 지혜야말로 인식론적인 장애 없이, 현실을 있는 그대로 보는 완벽한 관법(觀法)이라고 할 수 있다.

공을 체험하기 위한 세 가지 요소

공을 직접적으로 체험하기 위해서는 세 가지 요소가 갖춰져야 한다. 그 첫 번째는 알아차림이다. 알아차림은 팔정도의 정념(正念)에 해당하는데 팔리어로는 사티(sati), 산스크리트어로는 스므리티(smriti)라고 한다. 스므리티는 기억하다 또는 환기하다는 뜻으로 대상을 지각하고 문지기처럼 계속 마음속에 잡아두는 것을 의미한다.

공을 체험하기 위한 두 번째 요소는 자신이 알아차림을 계속 유지할 수 있도록 그런 자신을 지켜보는 능력이다. 이것을 산스크리트어로는 삼프라자냐(samprajanya)라고 하는데 정지(正知)라는 뜻을 가지고 있다. 이는 마치 자신의 마음이 두 사람에게로 나누어져 한 사람이 알아차림을 하는 동안 나머지 사람이 그 사람이 알아차림을 잘하고 있는지 감시하는 것이다. 만약 알아차림 하는 사람이 산만해지고 알아차림이 약해졌다면, 그것을 감시하는 사람이 한국 선방에서처럼 죽비를 내려쳐 정신 차리라고 경고하는 것과 같다고 할 수 있다. 알아차림과 그것을 유지할 수 있도록 감시하는 것, 정념과 정지는 비파사나 수행의 핵심이다.

정념과 정지를 유지하는데 바탕이 되는 강력한 집중력, 즉 사마타는 공을 체험하기 위해 갖춰야 할 세 번째 요소이다. 사마타는 팔정도의 정정(正定)에 해당한다. 사마타가 바탕이 되지 않으면 비파사나 수행은 큰 진전이 없다. 알아차림(정념)과 자기 경계(정지), 집중력(정정)이 튼튼하게 받쳐줄 때 우리는 공성을 직접적으로 경험할 수 있게 된다. 이러한 공에 대한 경험이 반복되면 공에 대한 지혜는 바즈라(금강석)처럼 단단해진다. 이렇게 단단해진 바즈라는 모든 정신적 오류들을 부술 수 있다.

물론 공을 깨닫는 것은 쉬운 일이 아니다. 더구나 그것을 다른 사람에게 설명한다는 것은 더욱 어려운 일이다. 그래서 붓다는 깨달음을 얻고 난 후 그것을 가르치는 데 주저했다. 공에 대한 체험은 우리의 일상적인 경험과는 반대되기 때문이다. 다행히도 붓다는 일주일간 고민한 끝에 그것을 다른 존재들에게 가르치기로 했다. 비록 많은 사람이 공을 이해하지 못할지라도 몇 사람만은 그것을 깨달을 수 있을 거로 생각했다. 그리고 적어도 공에 대해 이해해 보려고 노력하게 될 것으로 생각했다. 그러한 붓다의 결정과 생각 때문에 공에 대한 가르침이 지금 우리에게까지 전해지게 되었다.

그의 가르침은 인도에서 바닷길을 타고 스리랑카, 미얀마, 남중국으로 퍼졌고 육로를 통해 티베트, 중국, 몽골, 한국으로 전해졌다. 각 문화나 지역에서 공에 대한 논의들은 수없이 많았다. 그러나 나가르주나가 말한 것처럼 공은 언어나 개념이 아니라 오로지 경험을 통해서만 알 수 있다. 따라서 우리가 이야기할 수 있는 것은 공 자체가 아니라 공을 깨닫는 방편에 불과한 것이다.

모든 것의 바탕 안에 머물러라 · 네 번째 구절

외부 대상과 마음, 공마저 공하다는 것을 숙고했다면, 그다음에는 공의 자각 속에 머무는 명상을 한다. 티베트 대장경 안에는 많은 책이 있는데 그중에서 가장 중요한 것이 나가르주나와 아상가의 논서들이다. 나가르주나와 아상가는 석가모니 붓다 이후로 가장 위대한 스승이라고 할 수 있다. 그런데 나가르주나와 아상가의 공에 대한 입장은 조금 다르다. 나가르주나의 입장에서 볼 때 공에 머문다는 것은 실재하는 것과 실재하지 않는 것 가운데 머무는 것이다.

공에 대해 명상할 때 우리는 실재하는 측면과 실재하지 않는 측면을 동시에 본다. 예를 들어 불임의 여자가 꿈속에서 임신했다고 한다면, 실재한다는 측면에서 볼 때 그녀는 꿈속이긴 하나 아이를 가진 것이다. 한편 실재하지 않는다는 측면에서 볼 때 꿈이란 실재하지 않는 허구이기 때문에 꿈속의 아이는 실재하지 않는다. 다시 말해 꿈속의 아이는 실재하지 않지만, 그 여자는 꿈속에서 아이를 가졌고 그 때문에 기뻐하고 행복해한다. 그렇다면 실재하지 않는다고 할 수 없다. 이러한 경우 실재한다는 것과 실재하지 않는 것 가운데 머문다는 것은, 꿈속의 아이가 존재한다고만 보지 말고 또 그 아이가 없다고만 보지 말라는 것이다.

이 같은 관법은 어디에든 적용할 수 있다. 가령 명상 중에 우리는 다리가 아플 수 있는데 그때 느껴지는 고통을 꿈처럼 여겨야 한다. 그 고통을 실재한다고 보면 대단히 고통스러워지지만, 그 고통이 실재하지 않는다고 보면 우리는 그 고통을 무시하게 된다. 이때 실재하는 것과 실재하지 않는 가운데 머문다는 것은 고통을 허용하지만, 그것에 집착하지도 거부하지도 않는 것을 말한다. 나가르주나는 그 어떤 것도 실체가 있다고도 하지 않고 실체가 없다고도 하지 않는다. 그에게 있어 공하다는 것은 실재함과 실재하지 않음으로부터 벗어나는 것을 말하기 때문이다.

마이트레야–아상가로부터 내려오는 전통은 나가르주나와 입장이 다르다. 마이트레야–아상가의 전통은 모든 것의 실체를 부정하지만 단 한 가지만은 실체가 있다고 본다. 그것은 바로 불성(Buddhadhātu), 여래장(tathagata–garbha)이다. 불성, 여래장은 어디에나 존재하므로 모든 것의 바탕이며 원인과 조건에서 생겨나지 않는 독립된 실체이다. 그것은 개념을 초월해 순수하며 '공과 분리되지 않은 자각(rig stong dbyer med)'이라는 성격이 있다.

'깨달음에 이르는 길의 핵심은 모든 것의 바탕(아라야) 안에 머무는 것이다'라는 공 명상의 네 번째 구절은 광대한 보살행의 전통에서 나온 것이다. 여기서 아라야를 아라야식으로 해석하는 학자들도 있지만, 그것은 공과 분리되지 않는 자각을 뜻한다. 즉 불성이나 여래장을 지칭하는 것이라 할 수 있다. 한편 유식학에서 아라야식은 8식을 의미한다. 시각, 청각, 미각, 후각, 촉각 등 5개의 감각 의식을 5식이라고 하고 모든 정보를 처리하는 의식은 6식이라고 한다. 좋고 나쁨을 판단하는 의식은 7식(말라야식)이라고 하는데, 유식학파에서는 이러한 일곱 가지 의식이 작동할 수 있는 바탕에 8식이 있다고 본다.

8식(아라야식)은 윤회의 주체로서 과거 생에서부터 온 모든 습관과 성향이 저장되어 있다. 8식 안에 저장된 성향과 습관에 따라 7식은 좋고 나쁨을 판단한다. 다시 말해 8식은 7식의 무의식적인 판단 기준이 된다. 우리가 깨닫기 위해서는 7식이라는 자기중심성을 초월해야 한다. 그러기 위해서는 8식 안의 성향과 습관을 정화해야 한다.

그런데 1대 달라이 라마는 아라야를 8식으로 여기면 철학적인 오류가 일어난다고 지적한 바 있다. 아라야를 8식으로 보면 그것이 어떤 원인과 조건에도 상관없이 항상 존재하는 것이 되기 때문이다. 말하자면 8식은 공하지 않은 실체가 되어버린다. 또한 1대 달라이 라마는 8식은 내면에서 일어나는 모든 현상(5식, 6식, 7식)의 바탕이 될 수 있지만, 외부에 있는 현실 세계의 바탕이 되지 않는다는 사실을 지적했다. 따라서 네 번째 구절에서 말하는 아라야는 공에 대한 자각, 공성과 자각이 분리되지 않은 상태를 말한다. 사실 이러한 공에 대한 자각은 불성, 여래장이 가진 특징이다. 따라서 아라야는 불성, 여래장을 뜻한다고 할 수 있다.

좋은 카르마의 작용

마이트레이아—아상가는 웃타라탄트라(Uttaratantra)에서 불성, 여래장을 두 가지 측면으로 설명했다. 본래 가지고 있는 타고난 성품과 성장을 추구하는 힘으로 보았는데, 가령 꽃씨 속에 꽃이 될 잠재성과 함께 꽃으로 피어나려는 힘이 동시에 들어있듯 불성 안에는 붓다가 될 수 있는 잠재력과 그것을 실현하게 하려는 힘이 동시에 들어있는 것이다. 본성으로서의 여래장은 궁극적인 우리 마음, 즉 마음이 가진 공한 성격을 뜻한다. 어디를 가든지 우리는 이 같은 궁극적인 본성(공성)을 가지고 다닌다. 작은 벌레에서부터 붓다까지 모두가 마음의 궁극적인 성품(불성)을 가지고 있다. 이러한 여래장을 어떻게 실현할 것인지, 그것을 어떻게 직접적으로 인식할 것인지가 깨달음의 관건이라고 할 수 있다.

본성으로서의 여래장은 변하지도 성장하지도 않는다. 그러나 그것은 모든 존재로 하여금 성장을 추구하게 만드는 힘이다. 말하자면 여래장은 인간의 영혼 안에 있는 선을 추구하는 충동이라고 할 수 있다. 이러한 충동은 좋은 카르마가 담긴 커다란 보석 상자와 다름없다. 우리는 그 보석 상자를 열어 보석 같은 카르마의 에너지를 세속적인 방식이 아니라 깨달음이라는 목적을 위해 써야 한다.

경전에는 모든 사람이 어느 정도 좋은 카르마를 가지고 있다고 설명한다. 대개는 연속 살인마나 성범죄자, 대량학살자와 같은 악한 사람들은 전혀 좋은 카르마를 갖고 있지 않다고 생각하기 마련이다. 그러나 그들에게도 99%의 나쁜 카르마가 있다고 하더라도 1%의 좋은 카르마가 있다. 이와 관련된 유명한 일화들이 있는데, 석가모니 붓다의 제자 중에 앙굴리말라라는 사람이 있었다. 그는 999명의 사람을 죽였음에도 불구하고 바른길로 돌아서서 깨달음을 얻을 수 있었다. 99%의 나쁜 카르마를 가지고 있었지만 1%의 좋은 카르마도 있었기 때문이다.

밀라레파는 또한 32명의 사람을 죽였지만, 그 역시 바른길로 돌아설 수 있었고, 그 결과 한 생애에 깨달음을 얻었다. 인도의 아쇼카왕은 전쟁을 일으켜 오백만 내지 천만의 사람들을 죽였지만, 자신이 가지고 있는 작은 선업의 힘으로 부정적인 행동을 버리고 긍정적인 길로 돌아설 수 있었다. 이러한 일화들은 우리에게 아주 적더라도 좋은 카르마를 가졌다면 깨달을 수 있다는 가능성을 보여준다. 이번 생에 깨달음을 얻지 못할지라도 지금까지의 부정적인 삶의 방식에서 벗어나면 깨달음의 길로 나갈 수 있는 것이다.

사실 우리가 겪는 모든 일은 카르마와 연결되어 있다. 아무리 적더라도 좋은 카르마를 가지지 않은 존재는 없기 때문에 모든 일은 우리를 깨달음으로 이끌어 진화하게 만든다고 할 수 있다. 누구에게나 있는 불성 안에는 우리를 성장시키는 힘이 있다. 그 힘은 긍정적인 에너지의 흐름이다. 이것이 바로 붓다의 색신(rupakaya)이다. 마음의 궁극적인 본성, 다시 말해 공을 자각하는 지혜는 붓다의 법신(Dharmakaya)이다.

흔히 깨달음에 이르기 위해서는 방편(upaya)과 지혜(prajñā), 즉 에너지 수행과 지혜 수행을 함께 해야 한다고 말한다. 실제로 불성을 깨닫는 것은 지혜 수행을 통해서이다. 그러나 우리를 불성으로 인도해주는 것은 방편, 즉 에너지 수행이다. 또한 불성을 깨닫고 나서 우리가 세상에 나와 모든 존재를 도울 수 있게 만드는 것도 에너지 수행이다. 에너지라는 요소가 빠진 수행은 불 꺼진 양초와 같다고 할 수 있다.

공 명상법에 대한 여섯 가지 비유와 조언

공을 깨닫는 것은 불교 수행의 핵심이기 때문에 많은 사람이 내게 공에 대해 어떻게 명상하는지 질문하곤 한다. 그때마다 나는 카규파 마이트리파의 마하무드라에 대한 여섯 가지 비유를 들어 설명한다. 그것은 공 명상에 대한 여섯 가지 조언이라고 할 수 있다. 원래 카규파의 마하무드라는 마르빠에 의해 들어왔는데, 마르빠는 티베트 사람이지만 인도에서 다르마를 공부했다. 그는 많은 스승에게서 다르마를 배웠는데 그중 가장 중요한 사람이 나로파와 마이트리파이다.

마이트리파(Maitripa)는 11세기에 인도에서 살았는데, 그는 당시 최고의 교육 기관인 날란다 대학과 비크라마실라(Vikramashila) 사원에서 공부했다. 그때 날란다 대학에는 나로파가 있었고 비크라마실라 사원에는 아티샤가 있었기에 그는 두 위대한 스승 밑에서 공부할 수 있었다. 그런데 그는 비크라마실라 사원에서는 행실이 나쁘다는 이유로 쫓겨났다. 비크라마실라 사원을 떠난 이후로 그는 요가 수행자로 살다가 위대한 마하싯디 사라하를 만나 제자가 된다. 마이트리야파는 사라하 밑에서 마하무드라를 배운다. 사실 마이트리파는 유실된 것으로 알려졌던 마이트레이아—아상가의 중요한 책들을 발견한 사람이기 때문에 마이트레이아—아상가와 인연이 깊었다. 말하자면 마아트레이아—아상가로부터 내려오는 방대한 보살행의 전통을 이은 사람이었다.

마이트리파의 여섯 가지 조언에 따라 명상한다면, 우선 카규파에서는 명상에 들어가기 전에 '하늘 응시하기(sky gazing)'라는 수행을 한다. 팔과 다리를 쭉 펴고 땅에 등을 대고 누워 가만히 하늘을 응시하는 것이다. 이러한 수행을 하는 것은 궁극적인 현실, 공(sunyata)과 상대적인 현실, 환상(maya)을 연결하기 위해서이다. 허공은 모양도 색깔도 없다. 그러한 허공 안에서 구름이 흘러간다. 우리 마음도 허공처럼 공하지만, 그 안에서 수많은 생각들과 감정들이 구름처럼 일어난다. 그러나 이러한 생각들과 감정들은 고정불변의 실체가 아니라 환상(maya)에 불과하다.

이처럼 하늘을 응시하는 수행을 한 다음에는 '궁극적인 현실, 공(sunyata)과 상대적인 현실, 환상(maya)을 연결'하는 마이트리파의 첫 번째 비유에 따라 명상한다. 하늘같이 공한 마음 안에서 생각들과 감정들이 구름처럼 오가는 것을 지켜보는 것이다. 그런 다음 마음의 원래 본성으로 돌아간다. 불교에서는 마음이 가지고 있는 원래 본성, 공성을 알아차리는 오염되지 않은 자각을 빛으로 비유한다.

마이트리파의 두 번째 비유는 '어린아이와 같아라'이다. 인도 티베트 의학에서는 아이가 태어날 때는 개념적인 사고를 하지 않다가 생후 6개월 내지 8개월이 되면서부터 개념적인 생각을 하게 된다고 한다. 말하자면 그전까지 아이는 대단히 유연하고 열린 마음을 가지고 있다고 볼 수 있다. 공 명상에서 개념적인 사고는 일종의 장애이기 때문에 개념적 사고에서 벗어난 어린아이처럼 되라고 조언하는 것이다.

'새가 날아오는 배의 선장처럼 되어라'라는 것이 마이트리파의 세 번째 비유이다. 배의 선장은 새들이 배로 날아오는 것도 막지 않고 다시 바다로 날아가는 것도 막지 않는다. 새들이 오고 가도 선장은 그것에 마음이 끌려다니지 않는다. 마찬가지로 명상할 때 우리는 생각들과 감정들이 일어나는 것을 막지도 않고 그것이 사라지는 것도 막지 않아야 한다. 우리는 그 생각들과 감정들에 끌려다니지 않아야 한다.

마이트리파는 '바다와 파도'를 네 번째 비유로 들었다. 우리의 마음은 바다와 같고 그 안에서 일어나는 생각들과 감정들은 파도에 지나지 않기 때문이다. 사실 우리는 어떤 생각이나 감정이 일어나는 것을 아주 꺼린다. 가령 이기적인 생각이나 부정적인 감정이 일어나면 그것이 자기 생각이나 감정이라고 인정하는 대신 외부로 투사한다. 자신의 생각과 감정을 외부에 있는 다른 사람의 것으로 책임을 돌려버린다. 예전에 흥미로운 과학실험이 있었는데, 그것은 사람이 무엇에 두려움을 느끼고 화를 내는지를 알아보는 실험이었다. 그 결과는 사람들이 자신이 인정하기 싫은 자신의 성향을 가진 사람에게서 두려움을 느끼거나 화를 낸다는 것이었다. 우리가 외부에서 발견하는 것은 바로 우리 안에서 일어나는 심리작용과 관련이 있다는 것을 보여주는 실험이었다.

'바다와 파도'의 비유는 우선 바다와 파도가 서로 분리될 수 없음을 의미한다. 우리의 마음과 그 안에서 일어나는 생각과 감정 또한 그러하다. 바다와 파도는 모두 물로 이루어졌다. 마음이 공하기 때문에 마음 안에서 일어나는 어떤 생각도 감정도 공한 것이다. 마찬가지로 마음의 본성이 청정하다면 그 안에서 일어나는 생각과 감정 역시 청정하다. 따라서 우리는 바다와 그 안에서 일어나는 파도가 같은 본성을 지녔다는 것을, 마음과 그 안에서 일어나는 생각과 감정 역시 동일한 성격을 지녔다는 것을 깨달아야 한다. 다시 말해 궁극적인 현실인 공과 상대적 현실인 이 세상을 한 가지의 맛, 일미(一味)로 보아야 한다.

마이트리파의 다섯 번째 비유는 '무사의 칼'이다. 진정한 무사는 어떤 두려움이나 주저함 없이 적과 맞선다. 이와 관련해서 밀라레파는 "마치 코끼리가 걷는 것처럼 명상하라. 기대도 실망도 없이"라고 말했다. 우리는 우리가 갖지 않은 것, 우리가 경험해보지 않은 것을 바란다. 나는 깨달음을 원한다고 말한다면 그것은 내가 아직 깨닫지 못했고 깨달음이 무엇인지 모른다는 고백과 같다. 상대적인 차원에서 우리는 모든 사람을 위해 깨달음을 얻겠다고 바라고 그것을 실천한다. 그러나 깨달음을 얻고자 하는 발보리심도, 그러한 바람을 실천하고자 하는 행보리심도 일종의 허구(maya)이다. 그것은 진정한 보리심이 아니다. 궁극적인 차원에서 보리심(붓다의 마음)은 어떤 바람도 두려움도 없기 때문이다. 궁극적인 붓다의 마음은 그저 여여할 뿐이다.

명상할 때 위대한 무사처럼 되라는 것은 부정적인 생각이나 감정에 휘둘리지 말고 그것을 끊어버리라는 의미이기도 하다. 그렇다면 앞선 조언에서 명상할 때 생각들과 감정들이 일어나는 것도 그것들이 사라지는 것도 막지 말라고 한 내용과는 상충된 것처럼 보일 것이다. 그러나 생각이나 감정을 끊으라는 것은 그것들이 너무 강해서 우리가 그것들에 휘둘리는 상황에 해당하는 내용으로 이해하면 된다. 생각과 감정이 너무 강하게 일어나 그것에 휘둘릴 것 같을 때는 그 생각과 감정을 조절하기 위해 인위적인 방법을 사용하는 것이다.

가령 명상 중에 누군가에 대한 성욕이 끓어오른다면 몇 분 동안 그 대상이 실제로는 전혀 아름답지 않다는 것을 숙고한다. 무척 아름다워 보이는 사람의 피부 속에도 혐오감을 일으키는 피와 내장들, 대소변이 들어있기 때문이다. 또 누군가에 대한 증오가 끓어오를 때는 사랑과 연민, 용서에 대해 숙고한다. 그러나 이러한 인위적인 해결책을 과도하게 사용해서는 안 된다. 원칙적으로 우리는 명상할 때 생각과 감정이 오고 가게 놓아두어야 한다.

마이트리파의 여섯 번째 비유는 '바람에 떠다니는 민들레 홀씨'이다. 공 명상을 할 때 우리는 홀씨처럼 가볍고 유연해야 한다. 자신과 세상을 공하게 본다는 것은 자신과 세상이 고정되고 결정된 것처럼 보지 않는 것이다. 나도 고정된 것도 아니고 세상도 고정된 것도 아니기 때문에 우리는 유령처럼 무엇에도 부딪히지 않고 흘러갈 수 있다. 나도 세상도 눈에 보이는 것처럼 고정된 것이 아니기에 우리는 스스로를 세상이라는 무대에 선 연극배우로 여길 수 있다. 그렇기 때문에 모든 행위는 즐거운 놀이가 될 수 있다. 따라서 자신과 세상을 언제든지 변할 수 있는 잠재성이 있는 유동적인 것으로 보아야 한다. 마치 꿈처럼, 무지개처럼, 아지랑이처럼….

명상하지 않을 때는 환상의 존재처럼 되어라 · 다섯 번째 구절

나가르주나는 두 가지 진리인 궁극적인 진리(진제, 眞諦)와 상대적인 진리(속제,俗諦)에 대해 말했다. 궁극적 진리에서는 모든 것이 공하다. 명상 중에는 이러한 절대적 진리를 경험하게 된다. 그러나 명상이 끝나면 또 다른 현실과 마주하게 된다. 우리 앞에는 너무 단단하고, 고정되어 좀처럼 변할 것 같지 않은 세상이 펼쳐진다. 이것을 상대적인 진리라고 한다. 나가르주나가 말하는 중도란 이 두 가지 진리를 통합적인 관점에서 바라보는 것이다. 우리는 일상적인 현실(상대적 진리)에 공에 대한 관점(空觀)을 가져와야 한다. 일상생활에서 단단하고 좀처럼 변할 것 같지 않은 형태를 보지만 그것이 근본적으로는 공하다는 것을 알아야 한다. 동시에 아무것도 정해진 바 없는 공한 현실이 왜 우리에게 특정한 형태로 보이는지를 알아야 한다.

앞서 설명했듯 우리가 어떤 행동(karma)을 하면 의식의 연속체(마음의 흐름)에 인상(samskara)이 남는다. 그 행동이 반복되어 그것에 대한 인상이 강해지면 하나의 습관이 형성된다. 이러한 습관을 훈습(vasana)이라고 하는데, 훈습이 더 강해지면 하나의 사고 패턴 혹은 개념을 띠게 된다. 그것을 상(vritti)이라고 한다. 우리는 정해진 바 없는 공한 현실에 이러한 사고 패턴, 개념을 투사한다. 말하자면 우리는 세상을 보는 것이 아니라 세상에 투사된 자신의 사고 패턴, 개념을 보는 것이다. 상대적인 진리에 해당하는 일상 현실을 살아가기 위해서는 이렇게 자신의 과거 행동에서 생긴 결과들이 무엇인지, 다시 말해 습관에 의해 만들어진 개념과 이미지들이 무엇인지를 알아야 한다. 우리는 절대적 진리인 공성을 존중하는 만큼 상대적 진리인 인과와 연기를 무시해서는 안 된다. 1대 달라이 라마는 자신의 로종(마음 훈련) 주석서에서 다음과 같이 말씀했다.

— ***명상 중이 아닌 일상생활에서는 허구의 세상에 사는 허구의 존재처럼 되어라. 기쁨과 고통은 꿈속의 춤이다. 우리 눈앞에 보이는 모든 형태는 마법사가 만든 신기루이다. 우리에게 들리는 모든 소리는 동굴에서 메아리치는 자신의 목소리에 불과하다. 이것을 (진짜로 여겨) 움켜쥐려고 하는 사람은 철없는 어린아이에 불과하다. 우리는 거울에 비친 자신의 얼굴을 보지만, 그것은 진정한 자신의 얼굴이 아니라 환영에 지나지 않는다.***

우리는 명상할 때만 아니라 일상생활에서도 공에 대해 수행해야 한다. 공에 대해 명상할 때 우리는 텅 빈 하늘 같은 마음가짐을 가져야 한다. 오고 가는 생각들은 하늘에 떠다니는 구름에 불과하다. 공이야말로 태어나지 않은 마음의 본성이다. 실제로 마음은 시작도 없고 끝도 없이 영원히 흐르는 강물과 같다. 강물은 시작을 알 수 없다. 또한 그 끝이 어디인지도 알 수 없다. 강물은 바다로 들어가 구름이 된다. 그리고 비가 되어 다시 땅으로 돌아온다. 우리는 마음이 안에 있다고 말할 수 없다. 그렇다고 마음이 밖에 있다고도 말할 수 없다. 만약 마음이 안에 있다고 말한다면 우리가 나무, 구름 등을 경험할 때 마음이 우리 바깥에 있는 세상으로 확장된다고 보아야 한다. 명상하지 않을 때도 우리는 공에 대한 수행을 계속해야 한다. 일상생활에서 공에 대해 수행하는 것은 자신을 비롯한 모든 것을 꿈처럼 여기는 것이다.

Ⅱ. 상대적인 보리심 수행하기

구두로 전수된 일곱 가지 수행법
'자비'라는 신발 신기

로종(마음 훈련의 일곱 요점)에서는 보편적인 사랑과 연민, 즉 자비를 기르기 위한 두 가지 수행법을 제시하고 있다. 그것은 구두로 전수된 일곱 가지 수행법과 자신에 대한 관심을 다른 존재에 대한 관심으로 바꾸는 수행법이다. 우선 전자의 수행법 중 첫 번째에서 세 번째는 '모든 살아있는 존재를 한때의 어머니로 보기', '어머니의 친절을 기억하기', '그 친절을 갚으려고 생각하기'이고 이것은 평등심을 일으키기 위한 수행법이다.

일곱 가지 수행법 중 네 번째에서 여섯 번째는 자비심을 기르기 위한 실제 수행법으로 '모든 존재를 소중히 여기는 사랑 일으키기', '연민 일으키기', '보편적인 책임감 일으키기'이다. 이러한 수행으로 얻어진 평등심과 자비심을 바탕으로 '모든 존재를 위해 깨달음을 얻겠다는 보리심 일으키기(발보리심)'가 일곱 번째에 해당하는 수행법이다. 말하자면 마지막 수행법인 발보리심은 앞서 여섯 가지 수행을 한 결과라고 할 수 있다. 그래서 구두로 전수된 일곱 가지 수행법을 여섯 개의 원인과 한 개의 결과라고 말하기도 한다.

1대 달라이 라마는 보편적인 사랑과 연민을 키우기 위해서는 우리가 먼저 평등심을 가져야 한다고 말씀했다. 평등심이라 함은 모든 사람에게 두루 관심을 두는 것이다. 사람들은 보통 자신과 가까운 사람에게 관심을 두는데 자기 자신과 직계 가족, 친척, 친구, 이웃, 민족 순으로 관심을 둔다. 한편 자신과의 관계가 멀어질수록 관심이 적어진다고 할 수 있는데, 우리는 자신을 좋아해 주거나 도움이 되는 사람을 좋아하는 경향이 있다. 그와 반대로 자신을 싫어하거나 자신에게 아무런 도움이 되지 않는 사람은 거부하거나 적대적으로 된다. 그런데 우리가 보편적인 사랑과 연민을 키우기 위해서는 모든 존재에게 관심을 가져야 한다. 자신에게 잘해주는 사람이든 자신을 해치려는 사람이든 상관없이 그들의 존재에 관심을 가져야 한다. 일단 모든 존재에게 관심을 가져야만 그들 모두를 사랑하고 연민을 가질 수 있기 때문이다.

이러한 평등심을 기르기 위해 1대 달라이 라마는 두 가지 종류의 명상을 할 것을 제안했다. 첫 번째는 모든 존재가 우리에게 어떻게 이득을 주는가에 대해 성찰하는 것으로, 우리가 생존하는 데 필요한 것들이 어디서 왔는지를 명상하는 것부터 시작한다. 가령 우리가 입고 있는 옷만 하더라도, 그것이 없다면 우리는 여름의 더위도 겨울의 추위도 막지 못할 것이다. 그런데 옷이 만들어지기까지는 그 옷을 디자인하고 패턴을 뜨고 옷감을 자르고 바느질을 한 수많은 사람의 도움이 있었을 것이다.

이처럼 우리 삶의 모든 것은 다른 사람의 도움 없이는 이루어지지 않는다. 옷뿐만 아니라 자동차, 책, 텔레비전, 휴대전화 등도 마찬가지이다. 이것들이 우리 손에 들어오기까지는 수많은 사람의 손길이 필요할 뿐만 아니라 그것들이 만들어지기까지 수천 년 동안의 지식의 축적이 필요하다. 수천 년 동안 수억의 사람들의 작업이 없었다면 이러한 문명의 편리들은 존재하지 않았을 것이다. 따라서 우리는 모든 존재에게 빚을 지고 있는 셈이다. 이 같은 생각을 하다 보면 우리 삶을 지탱해주는 모든 사람에게 감사한 마음을 갖게 된다.

한편 1대 달라이 라마는 우리에게 해를 끼친 사람들에 대해서도 생각해보라고 조언한다. 세상에는 우리를 짜증 나게 만들거나 화나게 하는 사람들이 있다. 가령 살인범이나 성범죄자들을 보면 분노가 치솟는다. 어떨 때는 친구나 이웃, 가족에게 짜증이 날 때도 있다. 이럴 때 우리는 어떻게 해야 할까? 산티데바는 이 같은 비유를 들어 남다른 방법을 제안했다.

— 우리는 사는 동안 길을 걸으면서 수많은 가시와 돌멩이들을 만나게 된다. 그러나 그 길의 모든 가시나 돌멩이를 거둬내는 일은 불가능하다. 우리가 할 수 있는 유일한 대안은 신발을 신는 것이다. 우리가 신발을 신고 걸으면 모든 길의 가시나 돌멩이를 거둬내는 것과 같다.

이 같은 제안은 자신에게 해를 끼치는 사람들을 다루는 불교식 방식이라고 할 수 있다. 우리는 길가의 가시나 돌멩이처럼 자신을 힘들게 하거나 해치는 사람들을 제거하는 대신 자비라는 신발을 신을 수 있다. 여기서 더 나아가 우리는 사람들이 자신을 성나게 하거나 자신에게 까다롭게 굴 때 혹은 범죄를 저지를 때 무엇이 그들을 그렇게 만드는지에 대해 생각해볼 필요가 있다. 불교에서는 그 원인을 번뇌와 망상, 다시 말해 부정적인 감정(번뇌장)과 왜곡된 인식(소지장)에서 찾는다. 산티데바는 그것에 대해 이 같은 비유를 들었다.

— 누군가 막대기로 그대를 때리면 그대는 막대기에 화를 낼 것인가, 막대기를 잡은 손에게 화를 낼 것인가? 손이 달린 팔에게 화를 낼 것인가, 아니면 팔을 움직이는 어깨에게 화를 낼 것인가? 팔에 힘을 실어주는 등에 화를 내겠는가? 이렇게 화를 내게 만든 원인에 대해 따져 들어가 보면 그대는 상대가 부정적인 감정과 왜곡된 인식에 사로잡혀 있다는 것을 발견하게 된다.

누군가 잘못된 행동을 했다면 그것은 그 사람이 부정적인 감정으로 인해 상황을 잘못 판단했기 때문이다. 어떻게 보면 그들은 자신의 부정적인 감정과 왜곡된 인식의 피해자이다. 그런데 불교식 가르침은 여기서 한 걸음 더 나아가 다른 사람의 잘못된 행동을 내 문제로 본다. 그 사람이 내 머리를 막대기로 때릴 수 있었던 것은 그 순간 그 장소에 내가 그의 앞에 있었기 때문이다. 물론 나는 우연히 그 순간 그 장소를 지나간 행인일 수도 있다. 그러나 그 사람이 부정적인 감정과 왜곡된 인식에 휩싸여 있을 때 내가 그의 앞을 지나간 것만으로 그와 나 사이에 어떤 카르마(인과)가 작동되었다고 할 수 있다. 막대기로 때리는 폭력은 그와 나 사이의 인연 때문에 발생한 것이다. 그때 그 장소에 내가 없었다면 그런 일은 일어나지 않았을 것이다. 그 폭력이 일어나는 데 나는 한 축을 담당한 셈이다. 그러나 내가 그 자리를 벗어나 가던 길을 간다면 그것은 내게 큰 문제가 되지 못한다. 나를 때린 사람이 계속 분노에 시달리며 다른 사람에게 폭력을 행사할 수는 있다. 이 사실을 이해한다면 나는 오히려 그 사람을 불쌍하게 여기고 그에게 자비심을 느껴야 한다. 어쩌면 그에게 고맙다고 말해야 할지도 모른다. 다른 사람의 잘못을 보고 나는 저렇게 하지 말아야겠다고 배우게 되기 때문이다. 그편이 자신이 스스로 시행착오를 겪으면서 배우기보다 더 쉽고 빠를 수 있다.

1대 달라이 라마는 우리에게 해를 입히는 사람이 우리의 영적 성장에 도움이 된다고 말씀했다. 만약 우리를 해치는 사람이 없다면 우리는 인내도 용서도 배울 수 없을 것이다. 로종에서는 누군가 우리에게 해를 입히면 그 사람을 스승의 화현으로 생각하라고 한다. 스승이 그 사람의 모습으로 나타나 자신을 특별히 여기는 우리의 일반적인 태도를 버리게 도와준다고 조언한다. 이 같은 명상을 통해 우리는 자신에게 잘해준 사람과 자신을 해치는 사람 모두 결국 자신에게 이득이 된다는 것을 깨닫고 그들 모두에게 감사의 마음을 가질 수 있다.

모든 존재가 전생의 어머니들

모든 사람에게 평등한 관심을 두게 하는 두 번째 명상은 모든 존재를 전생의 어머니로 여기는 것이다. 그리고 어머니의 은혜를 기억하고 그것에 보답하려는 마음을 내는 것이다. 우리는 시작을 가늠할 수 없는 시간 이래로 수많은 환생을 거듭해왔고, 그 많은 생애 동안 온갖 종류의 관계를 맺어왔다. 그러므로 모든 존재는 그 언젠가 전생에서 우리의 어머니였을 수 있다. 그것도 단 한 생애에서만이 아니라 수백 번의 생애에서 그랬을 수도 있다. 따라서 모든 존재를 어머니로 여긴 다음 어머니가 자신에게 어떤 친절을 베풀었는지 생각해본다. 우선 어머니가 아이를 가지면 입덧을 하게 되고 음식을 먹기도 힘들어진다. 배가 불러올수록 걷기도 눕기도 힘들어진다. 출산할 때의 고통은 이루 말할 수 없다.

내가 인도 다람살라에서 지낼 당시 그곳에는 산부인과가 없었기 때문에 나는 여자들이 출산하는 것을 여러 번 도운 경험이 있다. 그래서 출산의 고통에 대해 잘 알고 있다. 그것은 매번 무서운 경험이었는데 산모들은 비명을 지르고 방안은 양수와 피로 범벅된다. 수많은 시간 동안 진통을 겪게 되면 산모들은 남편들을 탓하며 욕을 하곤 한다. 그만큼 출산은 큰 고통을 감수해야 하는 일이다. 막 태어난 아기는 빨갛고 쪼글쪼글하며 고약한 냄새가 나는 기름때에 덮여 있어서 남편들은 "정말 못생겼다. 늙은이 같다"라고 생각한다.(웃음) 그러나 어머니는 다르다. 조금 전까지의 고통은 모두 잊고 남편에게 이렇게 말한다. "당신을 닮은 예쁜 아기예요."

2대 달라이 라마는 어머니의 위대한 모정에 대해 이렇게 말씀했다. 세상에 갓 나온 아기는 끈적끈적한 빨간색 애벌레 같은데도 어머니는 그 아이를 사랑할 뿐만 아니라 계속해서 사랑을 준다. 아이를 씻기고 먹일 뿐만 아니라 아이가 아프면 잠도 못 잔다. 혹여 아이가 사고라도 당할까 봐 안절부절못한다. 심지어 스무 살이 넘어도 어머니는 자신의 삶보다 아이의 삶을 더 소중하게 여긴다. 그렇게 세상의 어머니들은 자신의 아이에게 큰 사랑을 베푼다.

1대 달라이 라마는 눈물이 쏟아질 정도가 될 때까지 어머니의 사랑과 은혜에 대해 숙고해야 한다고 조언했다. 비단 이번 생애의 어머니뿐만 아니라 전생의 모든 어머니가 자신에게 그러했다고 여긴다. 또한 아버지, 형제, 친구, 타인, 심지어 자신에게 해를 입힌 사람까지도 전생에 이 같은 사랑을 주었다고 생각한다. 이러한 사실을 제대로 이해하면 우리는 그들 모두에게 관심을 두게 되고 그들 삶에 대해 염려하게 된다. 그리고 그 사랑을 갚아야겠다고 결심하게 된다. 나가왕의 '북소리에 맞춘 시(Arya–sagaranagaraja)'라는 책에는 이런 노래가 있다.

> — ***바다, 메루산, 대륙을 짊어지는 것도 이 세상의 친절에 답하지 못한 짐만큼 무겁지 않네. 무지하지 않은 사람은 이 말을 이해하고 세상의 선을 위해 일한다네. 그들은 살아있는 존재의 친절함을 헛되게 하지 않기 때문에 그들은 지고의 현자라는 칭송을 받는다네.***

육바라밀다를 연계하여 수행하기

모든 존재에 대한 평등심을 기른 후에는 본격적으로 자비 수행에 들어간다. 이 단계에서 우리는 보편적인 사랑과 연민과 책임에 대해 명상한다. 보편적인 사랑은 모든 존재가 행복하고 행복의 원인을 짓기를 바라는 마음이다. 행복의 원인을 짓기를 바란다는 것은 앞으로 계속해서 행복하기를 바란다는 의미이다. 이 같은 마음을 갖는 것은 정토에 머무는 것 같은 깊은 선정에 들거나 억겁 동안 스님으로 사는 것보다 더욱 공덕이 되는 일이다.

보편적인 연민은 모든 존재가 고통에서 벗어나고 고통에서 벗어나는 원인을 짓기를 바라는 마음이다. 다시 말해 모든 존재가 영원히 고통에서 자유롭기를 바라는 마음이다. 보편적 책임이란 모든 존재가 행복하고 고통에서 벗어나기 위해 노력하는 마음이다. 윤회하는 삶에서 진정한 만족이란 없다. 윤회하는 삶에서 고통은 영속하고 행복은 덧없다. 그렇다면 모든 존재가 고통에서 벗어나 행복하게 되기 위해 우리는 무엇을 할 수 있을까? 그것은 모든 존재가 윤회에서 벗어나 깨달음에 이르도록 돕는 것이다. 그런 다음에는 무엇을 할 수 있을까? 많은 존재들을 돕기 위해서는 자신부터 깨달음에 이르러야 한다. 그러므로 평등심을 기르고 자비심과 보편적 책임을 기른 후에는 깨달음을 얻겠다는 염원을 갖는다.

보살이 되기 위해 우리는 두 가지 수행을 한다. 첫 번째는 깨달음을 얻겠다는 발보리심을 일으키는 것이고, 두 번째는 바라밀다를 수행하는 것이다. 바라밀다(prarmita)는 산스크리트어로 완벽한 상태, 최상의 상태, 궁극의 상태를 뜻한다. 불교에서 바라밀다는 윤회하는 이곳에서 해탈의

저곳으로 건너가는 것을 말한다. 바라밀다는 수행의 대상이자 수행을 통해 성취하는 결과이기도 하다. 예를 들어 보시 바라밀을 수행한다고 할 때 우리는 보시를 수행함으로써 보시할 수 있는 능력을 얻게 된다. 바라밀의 항목은 여섯 개 혹은 열 개로 선정되는데 육바라밀다는 보시 바라밀다, 지계 바라밀다, 인욕 바라밀다, 정진 바라밀다, 선정 바라밀다, 지혜 바라밀다이다. 여기에 방편 바라밀다, 발원 바라밀다, 력 바라밀다, 지 바라밀다를 더하면 십바라밀다가 된다.

육바라밀다에 대한 내용만 살펴보면 대개는 보시, 지계, 정진, 인욕, 선정, 지혜 바라밀다를 따로 수행한다고 생각하기 쉽다. 그러나 그것은 별개로 수행하는 것이 아니다. 각각의 바라밀다는 다른 바라밀다들과 연계되어야 한다. 찬드라키르티(Chandrakirti)는 바라밀다란 여섯 바라밀다를 각각 다른 바라밀다와 더불어 수행할 때만 진정한 바라밀다(완벽함)라고 했다. 보시 바라밀다는 보시 바라밀다와 함께 수행되어야 하고, 그것은 또한 지계 바라밀다와 함께 수행되어야 한다. 보시 바라밀다는 인욕 바라밀다와 함께 수행되어야 하고 선정 바라밀다와도 함께 수행되어야 한다. 한편 보시 바라밀다는 지혜 바라밀다와 함께 수행되어야 한다. 이것은 지계나 다른 나머지 바라밀다도 마찬가지이다. 그렇게 되면 우리는 36개 종류의 바라밀다를 수행하게 된다.

그렇다면 그 의미에 대해 좀 더 살펴보자. 우선 보시 바라밀다를 보시 바라밀다와 더불어 수행한다는 것은 적극적으로 보시를 실천한다는 뜻이다. 산스크리트어로 보시 바라밀다는 '다나 바라밀다(Dāna pāramitā)'라고 하는데 다나는 준다는 뜻보다 공유한다는 뜻에 가깝다. 이것의 반대 의미는 다른 사람들의 것은 기꺼이 공유하지만, 자신의 것은 내놓지 않고 감추는 인색함이다. 모든 경전에서는 세 가지 공유에 관해 이야기하는데 집과 옷, 음식 등 물질적인 것을 비롯해 우리는 친절한 말, 따뜻한 시선, 현명한 조언, 위로 등을 타인과 공유할 수 있다.

세 번째는 두려움 없는 안전한 상태를 공유하는 것이다. 가령 누군가 독재자의 심복에게 쫓기고 있다고 할 때 우리는 그를 숨겨주고 안전한 장소를 제공해줄 수 있을 것이다. 한편 보시 바라밀다 수행을 지계 수행과 함께한다는 것은 다른 존재에게 친절을 베풀 때 그 친절이 지계를 깨트리는 것이 되지 않게 조심해야 한다는 의미이다. 샨티데바는 보시 바라밀다에 대해 이렇게 설명했는데, 그것은 친절을 베푸는 것이 다르마로부터 멀어지게 만드는 일이 될 수도 있기 때문이다.

— ***보시 바라밀다는 자신이 가진 모든 것을 다른 존재에게 주어야 한다는 뜻이 아니다. 그것은 언제나 자신이 할 수 있는 것만큼 다른 사람을 돕겠다는 마음이다. 우리의 이기심이 줄어들면 그와 더불어 우리는 더 나은 인간이 되고 다른 존재들에게 더욱 이익이 된다. 이와 마찬가지로 지계 바라밀다는 존재하는 모든 계율을 지키는 것이 아니라 항상 마음을 다르마에 머물게 하는 것이다.***

보시 바라밀다를 실천할 때는 정진 바라밀다도 함께 수행해야 한다. 탄트라에서는 어떤 행위를 하든지 간에 지복과 공성 속에서 그것을 하라고 한다. 정진은 수행을 열심히 부지런히 하는 것만이 아니다. 산스크리트어로 정진을 '비리야(Vīrya)'라고 하는데 비리야는 에너지, 부지런함, 열정을 뜻한다. 즉 정진은 깨달음을 향해 열정적으로 수행하는 것을 말한다. 티베트 사람들은 비리야를 촌드루(tsöndrü)라고 번역했다. 촌드루는 기쁨, 즐거움, 엑스타시라는 의미까지 지니고 있다. 말하자면 정진 바라밀다는 우리가 하는 모든 행위에 기쁨을 느끼는 것을 뜻한다. 2대 달라이 라마는 정진 바라밀다에 대해 "아이에게 사탕을 보여주면 아이는 그 사탕을 얻기 위해 달려간다. 깨달음을 위한 우리의 정진도 그와 같아야 한다"라며 사탕을 쫓아가는 어린아이에 비유했다. 이처럼 우리는 보시 바라밀다를 수행할 때도 기쁜 마음으로 열정적으로 해야 한다.

인욕 바라밀다를 수행할 때도 마찬가지로 보시 바라밀다와 함께해야 한다. 내 법명은 마이트리야 조파이다. 산스크리트어로 마이트리야는 사랑, 조파는 인내를 뜻한다. 말하자면 내 법명은 인내하는 사랑이라는 의미를 지니고 있다. 우리가 모든 존재에게 이익을 주기 위해 깨달음을 얻겠다고 결심한다는 것은 무한한 인내심을 가져야 한다는 것을 의미한다. 다른 존재들과 부를 나누고 정신적 위안을 나누고 안전한 공간을 나누는 것은 한 번에 끝나지 않는다. 이 같은 보시는 모든 존재가 완벽한 붓다의 경지에 이를 때까지 계속되어야 하기 때문이다.

선정 바라밀다 또한 보시 바라밀다와 함께 수행해야 한다. 선정은 산스크리트어로 '다나(Dhyāna)'인데 원래는 명상을 뜻하지만 명상을 통해 얻어진 완벽한 평정심과 알아차림을 의미한다. 티베트에서는 디아나를 '삼텐(bsam–gtan)'으로 번역했는데 삼텐은 흔들지 않는 마음, 부동의 마음을 의미한다. 보시 바라밀다를 수행할 때도 이러한 선정과 명상을 통해 획득한 평정심, 알아차리는 능력이 필요하다. 그래서 보시 바라밀다 수행은 선정 바라밀다 수행과 병행되어야 한다. 지혜 바라밀다도 마찬가지이다. 산스크리트어로 지혜는 프라즈나(prajñā)라고 하는데 이는 일반적인 지혜가 아니라 공에 대한 지혜이다. 그러한 공의 지혜와 더불어 보시를 해야 하며, 우리는 보시를 하면서도 공에 대한 지혜를 통찰할 수 있다.

모든 행위는 행위의 주체, 행위 그 자체, 행위의 대상이라는 세 가지 측면을 가진다. 이것을 세 가지 바퀴를 의미하는 삼륜(三輪)이라고 한다. 그런데 행위의 주체가 없이는 행위도, 행위의 대상도 존재할 수 없다. 행위가 없다면 행위의 주체와 행위의 대상을 따지는 것은 무의미하다. 행위의 대상이 없다면 행위의 주체와 행위도 생겨날 수 없다. 따라서 행위의 주체, 행위, 행위의 대상은 공한 것이다.

가령 내가 친구에게 사과를 주는 보시를 했다면, 나는 행위의 주체가 되고 사과를 준 것은 행위가 된다. 사과를 받은 친구는 행위의 대상이 된다. 사과를 주는 내가 없다면 사과를 주는 행위는 생기지 않는다. 사과를 주는 행위가 없다면 사과를 받는 대상이 생겨날 수 없고, 사과를 주는 행위가 없다면 사과를 주는 사람과 사과를 받는 사람은 생겨나지 않는다. 사과를 받을 대상이 없다면 사과를 주는 행위는 생겨날 수 없기에 사과를 주는 주체 또한 있을 수가 없다. 그래서 행위의 세 가지 측면, 즉 삼륜은 공하다.

우리가 다른 사람에게 무언가를 보시할 때 거기에는 주는 사람도, 받는 사람도, 보시한다는 행위도 없다는 것을 깨달아야 한다. 그래서 보시 바라밀다는 지혜 바라밀다와 함께 수행해야 한다. 보시 바라밀다를 제외한 다른 바라밀다를 수행할 때도 마찬가지 방식들을 그대로 적용할 수 있다. 우리는 이러한 육바라밀다를 실천함으로써 아기보살이 된다. 세상의 모든 아기가 언젠가 어른이 되듯 아기보살도 언젠가는 진짜 보살이 될 것이다.

자신에 대한 관심을 다른 존재에게 돌리기

모든 비난을 하나의 탓으로 돌리기

자기에 대한 관심을 다른 존재에 대한 관심으로 바꾸는 수행에 앞서 다음의 두 가지 질문을 해 볼 필요가 있다. 보편적인 이타심을 갖는 것이 그렇지 않을 때보다 왜 이득인가? 과연 우리는 자신에 대한 관심을 다른 존재에 대한 관심으로 바꿀 수 있을까? 두 질문에 대한 답은 모두 "예스"이다.

다른 존재들에게 사랑과 연민을 가지면 자신이 행복해진다는 말이 언뜻 이해되지 않을지도 모른다. 어쩌면 이렇게 생각할 수도 있다. 다른 존재들이 겪는 불행으로 내 행복이 줄어드는 것도 아니고, 다른 존재들의 행복으로 내 행복이 늘어나는 것도 아닌데 구태여 다른 사람들의 행복을 빌어줄 필요가 있나? 그러나 우리가 '나'라고 여기는 것은 고정된 것이 아니다. 나라는 정체성은 끊임없이 변한다. 사실 나라는 것도 타자라는 것도 현재 내 의식의 연속체에서 일어나는 감각(색), 감정(수), 분별(상), 반응패턴(행), 바탕의식(식)이 만들어낸 허구에 지나지 않는다.

젊었을 때 나는 노인이 아니라고 생각하지만, 나이를 먹어 노인이 되면 이제 나는 젊은이가 아니라고 생각하기 쉽다. 젊은이였을 때 나는 노인이 아니니 노인이 겪는 문제는 내 문제가 아니라고 생각할 수 있지만 결국 노인이 되면 그것은 자신의 문제가 된다. 나이가 들면 나도 언젠가 노인이 된다는 것을 인정하면서도 나와 노인(다른 존재)이 아무런 관계도 없다고 여긴다. 이렇듯 다른 것들과 완전히 분리된 나라는 것이 있다고 여기는 것이야말로 근본적인 착각이다. 이러한 착각에서 다른 존재보다 자신을 더 특별하게 여기는 잘못된 태도가 생겨난다.

앞서 우리는 자아에 대한 집착과 자신을 특별히 여기는 성향이 깨달음에 이르는 가장 큰 장애라는 것을 배웠다. 사실 우리와 붓다의 차이는 이러한 정서적 왜곡(소지장)과 부정적 감정(번뇌장)이 있느냐 없느냐에 있다. 이러한 정서적 왜곡과 부정적 감정이 없을 때 우리는 행복해진다. 반대로 정서적 왜곡과 부정적 감정에 가득 차 있을 때 우리는 불행해진다. 다시 말해 불행의 원인은 바로 우리의 내적 조건에 달려있다는 얘기이다.

한편 우리는 행복이 외적인 조건에 달려 있다고 생각하곤 한다. 행복해지기 위해서는 예쁜 아내와 착한 아이들이 있어야 하고 개도 한 마리 있으면 좋겠다고 생각한다. 가족이 살 좋은 집과 가족이 탈 차도 있어야 한다. 그리고 가족을 부양하기 위한 직장도 있어야 하지만 그보다는 유산을 받거나 복권에 당첨되는 편이 훨씬 더 좋다고 생각한다.(웃음)

내 친구 중에는 억만장자의 아들이 있는데, 그는 자신이 겪은 이들 중에서 가장 불행한 사람들이 억만장자들이었다고 했다. 언뜻 듣기엔 이해하기 힘든 말이다. 대부분 사람은 돈이 행복을 가져다줄 것이라고 믿고 인생의 대부분을 돈 버는 데 쓴다. 그러나 외적 조건이 아무리 좋더라도 내적 조건이 충족되지 않으면 사람은 행복해질 수 없다.

미국에는 '복권의 저주'라는 말이 있다. 가난한 사람들은 복권에 당첨되면 행복해질 거로 생각해서 복권을 사곤 한다. 그런데 막상 복권에 당첨되고 나면 행복해지지 않는다. 물론 몇 년간은 좋은 집과 좋은 차 등을 구매하러 다니느라 행복할 수도 있다. 그러나 그 시기가 지나면 인생의 다른 문제와 시련이 닥쳐온다. 통계적으로 보더라도 복권 당첨자들이 다른 사람들보다 자살률이 높다고 한다. 물론 우리는 살기 위해 배를 채워야 하고, 행복해지기 위해 살 곳과 입을 것 등 기본적인 물품들이 필요하다. 그러나 그것들이 어느 정도 갖추어지고 나면 우리의 행복은 보다 내적인 조건에 영향을 받는다. 분노와 탐욕 속에서 우리는 행복해질 수 없다. 현실을 무시한 채 착각과 망상 속에서 행복해질 수도 없다. 다르마 수행을 통해 왜곡된 인식과 부정적인 감정을 극복해 갈수록 우리의 삶은 진정 행복해진다.

타인의 친절을 명상하고 소중히 여기기

수행을 통해 우리는 자신에 대한 관심을 타인에 대한 관심으로 바꿀 수 있다. 구체적인 방식을 살펴보면, 우선 타인의 친절에 대해 명상하는 것은 구두로 전수된 일곱 개 기법에서 말하는 평등심을 기르는 방식과 동일하다. 티베트어로 친절은 카드린(kadrin)이라고 하는데 '친절해지려고 애쓰다' '다른 존재의 친절을 알아차리다'라는 뜻을 지니고 있다. 이 말의 의미처럼 우리는 우리도 미처 모르는 사이 다른 존재들의 친절을 입고 있다.

가령 우리가 사막 한가운데에서 바위에 기댄 채 더위와 목마름으로 죽어가고 있다고 해 보자. 그때 술 취한 운전자가 차를 몰고 우리 옆으로 지나가서 도와달라고 소리치지만, 그는 맥주병만 던지고 가버렸다. 그런데 그 병 속에 맥주가 몇 방울 남아 있어서 그것을 마시고 살아날 수 있었다. 물론 술 취한 운전자가 맥주병을 던진 의도는 그것이 아니었겠지만, 그 덕분으로 목숨을 구할 수 있었기에 그는 결국 우리에게 친절을 베푼 셈이다. 이렇듯 다른 존재들은 우리에게 이로운 무언가를 한다. 우리는 이러한 친절까지 알아차려야 한다. 그래야 그 친절을 갚겠다는 마음을 낼 수 있고, 그래야 모든 존재를 돕기 위해 깨달음을 얻겠다는 결심을 할 수 있다.

타자를 소중히 여기는 태도를 기르는 방식 또한 구두로 전수된 일곱 개 기법에서 말하는 자비심을 기르는 방식과 동일하다. 여기서 우리는 모든 존재가 행복하고, 앞으로 행복할 수 있는 행복의 원인을 짓기를 바란다. 더불어 모든 존재가 고통에서 벗어나기를 바라고, 앞으로는 고통에서 벗어날 수 있는 원인을 짓기를 바란다.

다른 종교와 비교할 때 불교의 가장 독특한 점은 카르마(인과의 법칙)와 보편적인 사랑과 연민(자비)에 있다고 할 수 있다. 카르마는 우리에게 자신이 한 행위의 결과가 자신에게 다시 돌아온다는 것을 가르치고 책임감을 가르친다. 또한 자비를 통해 모든 존재가 고통에서 벗어나 행복하도록 도우라고 가르친다. 상대가 선한 사람이든 악한 사람이든, 아름답든 추하든, 자신에게 이득이 되든 손해가 되든 상관없다. 사랑과 연민의 대상에는 제한이 없다. 자기 자신, 가족, 공동체, 민족, 인류를 넘어서 모든 존재에게 사랑과 연민을 품어야 한다.

1대 달라이 라마는 "보편적인 사랑과 보살핌은 모든 이에게 동등할 때라야 보편적이다"라고 지적했다. 불교의 자비의 가르침은 모든 존재를 자신보다 올려본다는 점에서 독특하다고 할 수 있다. 살아있는 모든 존재가 한때 내 어머니였다고 생각하기에 어머니를 올려다보듯 모든 존재를 올려다본다. 불교에서 사랑과 연민은 친밀함(intimacy)과 연결되어 있다. 내가 가난하거나 병든 이들에게 손길을 내미는 것은 그들보다 우월하기 때문이 아니라 그들에게 어머니 같은 친밀감을 느끼기 때문이다.

다람살라에서 지내면서 오랫동안 나는 달라이 라마가 방문객들과 친견하는 장면을 지켜봤다. 그때 가장 인상적이었던 것은 달라이 라마를 만나는 모든 사람이 그에게 친밀감을 느낀다는 것이었다. 달라이 라마와 만난 사람들은 그가 자신을 세상에서 가장 소중한 사람처럼 대한다고 느꼈다.

1973년 무렵에 달라이 라마가 삼십오만 명의 사람들에게 칼라차크라 입문식을 준 적이 있다. 입문식이 끝나고 달라이 라마가 그곳에 모인 삼십오만 명의 사람들의 머리에 손을 얹고 축복해주었는데, 그의 축복을 받으려는 사람들이 길게 줄을 늘어섰다. 그 줄이 얼마나 길었는지 이틀이 지나도 계속되었기에 나는 삼 일째 날을 기다렸다가 합류하려고 사원에 갔다. 수많은 사람들이 이미 축복을 받고 떠났기 때문에 그곳에 남아 있는 사람들은 천명 남짓했다.

나는 달라이 라마가 사흘 동안 삼십오만 명의 사람들을 축복해주었기 때문에 이제 그에게는 여력이 남아 있지 않을 것이라고 예상했다. 그러나 달라이 라마는 여전히 사람들 머리에 손을 얹고 축복해준 후 그들에게 일일이 인사말을 건넸고, 이윽고 내 차례가 왔을 때는 손으로 나의 수염을 잡고 크게 미소 지으며 귀에 대고 속삭였다. "내 오랜 친구, 어떻게 지냈나? 정말 반갑네." 그해 나는 아마도 칼라차크라 입문식 후 축복을 받은 349,043번째 사람이었을 것이다.(웃음) 달라이 라마는 그 많은 사람에게 그들 모두 대단히 소중한 존재임을 느끼게 했다. 그 후로도 나는 달라이 라마가 다른 사람들과 친견하는 것을 여러 차례 보았지만 그는 항상 그런 식이었다. 모든 사람을 올려보았고 특별한 존재로 여겼다. 불교에서 말하는 사랑과 연민은 이런 것이라고 할 수 있다.

주고받는 수행, 통렌

— 교대로 주고받기(통렌) 수행을 하라.

평등심과 자비심이 생겨나면 통렌(tonglen) 수행을 한다. 티베트어로 통은 보내는 것, 렌은 받는 것을 뜻한다. 즉 통렌은 주고받는 수행이라는 의미이다. 통렌에 대해 간략하게 설명하면 우선 숨을 들이마시면서 모든 존재의 고통과 장애를 받아들여 정화한다. 그리고 숨을 내쉬면서 모든 존재에게 자비와 공덕을 보낸다. 통렌은 아티샤의 로종(마음 훈련)에만 있는 독특한 수행으로 대승에만 있는 호흡 명상이다. 불교에는 여러 종류의 호흡 명상이 있는데, 소승에도 대승에도 금강승에도 있다. 금강승 즉 탄트라에서는 툼모라는 호흡 명상을 한다.

소승의 호흡 명상은 아나파나사티(Anapanasati) 다시 말해 수식관을 하는데 산스크리트어로 아나(ana)는 들숨을, 파나(pana)는 날숨을 뜻하고 사티(sati)는 알아차림을 뜻한다. 말하자면 아나파나사티는 숨을 들이마시고 숨을 내쉬는 것을 계속 알아차리는 명상이다. 사티는 자신의 주의를 현재 일어나는 감정, 감각, 사고에 두는 것을 뜻하는데 그러한 감정, 감각, 사고를 어떠한 판단도 내리지 않고 지켜본다. 미얀마에서는 수일간 안거에 들어가 아나파나사티 수행을 하기도 한다. 처음 사흘 동안은 코 밑 차가운 부분에 의식을 두어 마음이 다른 곳에 가지 않도록 한다. 이 수행을 하면 우선 몸과 마음이 이완되고, 기쁨을 느끼는 힘이 증가하는 두 가지 이득을 얻게 된다.

행복을 원하고 고통을 피하려는 것은 인간의 기본적인 성향이다. 우리가 하는 일의 대부분은 행복을 얻고 고통을 피하려는 목적이 있다. 그런데 이상하게도 행복을 얻고 불행을 피하고자 애쓰지만, 대다수 사람이 불행하다. 왜 그럴까? 그것은 기본적인 편안함(basic simplicity)을 느끼지 못하기 때문이라고 생각한다. 우리의 관심을 내부로 돌려 우리 안에 깃든 평안함 속에 머물 수 있다면 인생 문제의 반 이상은 사라진다. 붓다가 기쁨으로 숨을 내쉬고 기쁨으로 숨을 들이쉬라고 한 이유가 여기에 있다. 이러한 명상을 통해 우리는 내적 기쁨과 내적 편안함을 일깨울 수 있다.

불교는 인간이 살아가는 데 그리 많은 것들이 필요하지 않다는 사실을 강조한다. 인간에게 가장 필요한 것은 내면으로 들어가 자신 안의 편안함에 머무는 것이다. 그렇게 되면 우리의 삶은 느긋해지고 행복해진다. 그리고 부정적인 감정과 왜곡된 인식으로부터 자유로워진다. 느긋하고 행복한 사람은 다른 사람에게 화내거나 집착하거나 질투하지 않는다. 이러한 수행을 통해 우리는 번뇌 없는 개인적 해탈(pratyeka–moksha)에 이를 수 있다. 이처럼 개인적인 해탈을 이룬 사람을 독각(pratyeka–buddha)이라고 한다. 이것이 소승의 방식이라면, 대승에서는 모두 다 함께 해탈을 이루자는 보살의 정신과 연결돼 있다. 따라서 대승의 호흡 명상인 통렌 역시 다른 존재들을 이롭게 하고자 하는 동기와 목적이 있다.

가까운 사람부터 육도의 존재들까지

— 자신의 것부터 먼저 받아라.

통렌은 숨을 들이쉬면서 다른 존재의 고통과 부정적인 감정과 왜곡된 인식을 받아들이고, 숨을 내쉬면서 기쁨과 평화와 사랑을 내보내는 수행이다. 이 수행을 하기 전에 우리는 먼저 자신의 의식의 연속체(마음의 흐름)를 청소할 필요가 있다. 자신의 고통과 부정적 감정과 왜곡된 인식을 받아들여 정화하는 일부터 해야 한다. 그런 다음에는 받기 명상부터 시작하는데, 우리 가슴에 자기를 특별히 여기는 이기심이 작은 점의 형태로 있다고 상상한다.

숨을 들이마시면서 바깥세상의 모든 부정적인 것들을 떠맡는다고 상상한다. 우선 물질세계의 부정적인 힘들을 떠맡는다. 숨을 들이마시면서 뜨거운 열기나 차가운 냉기, 홍수, 가뭄, 가시 등과 같은 재앙들을 검은 구름의 형태로 받아들이는 것을 상상한다. 이러한 검은 구름은 자신의 가슴 속으로 들어와 자기를 특별하게 여기는 태도를 강타한다. 그다음 우리의 관심을 살아있는 사람들에게 돌린다. 이 수행을 실용적인 것으로 만들기 위해서는 우리와 가까운 사람부터 명상하는 것이 좋다.

먼저 숨을 들이마시며 어머니의 부정적인 감정과 왜곡된 인식을 받아들인다. 그러면서 자신 가슴에 있는 이기심이 파괴되는 것을 상상한다. 그 범위를 어머니에서 아버지, 친척들, 친구들, 이웃들, 낯선 사람들, 적 등으로 넓혀 나간다. 특별히 자신의 삶을 어렵게 만드는 사람이 있다면 그 사람이 자기 앞에 있다고 상상하고 명상하는 것도 좋다. 숨을 들이마시면서 그 사람이 과거 생에는 자신의 어머니였고, 어머니로서 자신에게 모든 친절을 베풀었고, 따라서 그 친절에 보답해야겠다는 마음을 낸다. 자신이 다른 존재들의 부정적인 감정, 왜곡된 인식, 나쁜 카르마를 받아들여 그 모두를 정화함으로써 그들이 고통으로부터 자유로워진다고 상상한다. 다른 한편 이러한 부정적인 것들을 받아들임으로써 자기 가슴에 있는 이기심이 파괴된다고 상상한다.

우리는 육도의 모든 존재를 대상으로 이 같은 받기 수행을 할 수 있다. 우리가 육도를 윤회하는 것은 부정적인 감정들 때문이다. 화가 많은 사람은 지옥에 가고, 탐욕이 많은 사람은 아귀계로 간다. 의식 없이 사는 사람은 축생계로, 자기중심적인 사람은 인간계로 간다. 질투가 많은 존재는 아수라계에 태어나고, 자기 만족적인 사람들은 천신계에 태어난다. 따라서 지옥에 있는 존재들을 대상으로 명상할 때는 숨을 들이마시면서 그들이 가지고 있는 분노를 받아들인다고 상상한다. 그럼으로써 그들의 분노는 사라지고 지옥으로부터 해방된다고 생각한다.

아귀계 존재들을 대상으로 할 때는 그들을 방황하는 아귀로 만들게 했던 탐욕이 사라지면서 그곳으로부터 자유로워진다고 명상한다. 축생계 존재들을 명상할 때는 그들의 어리석음을 받아들임으로써 그들이 자유로워진다고 상상하고, 인간계의 경우는 자기중심성과 이기심을 받아들임으로써 나쁜 조건으로 환생한 인간들이 해방된다고 생각한다. 아수라계를 명상할 때는 그곳 존재들의 질투를 받아들이고, 천신계 존재들을 명상할 때는 자기 탐닉을 받아들임으로써 그들이 자신을 옭아맸던 곳으로부터 자유로워진다고 상상한다. 육도의 부정적인 감정을 들이마실 때는 검은 구름의 형태로 마시고, 그 검은 구름이 우리 가슴 안의 이기심을 강타한다고 생각한다.

육도의 존재들을 대상으로 한 다음에는 아라한, 독각들, 십지 보살들까지 아직 완전한 깨달음을 얻지 못한 존재들의 왜곡된 인식을 받아들인다고 명상한다. 그들의 왜곡된 인식을 받아들임으로써 그들이 그러한 장애에서 벗어나 완전한 깨달음에 이른다고 상상한다. 붓다의 경우는 모든 부정적 감정과 인지적 오류에서 벗어났기 때문에 이 대상에서 제외된다.

완전한 깨달음을 얻지 못한 존재에 대한 명상이 끝난 후에는 주기 명상을 시작한다. 방법은 다음과 같다. 우선 숨을 내쉬면서 빛의 형태로 모든 좋은 것들을 외부로 내보낸다. 모든 행복과 선함을 무생물의 세계로 보내 그곳이 청금색 땅으로 변하는 것을 관상한다. 그런 다음에는 생명을 가진 존재들에게 빛을 보낸다. 처음에는 어머니부터 시작하여 아버지, 친척들, 친구들, 모르는 사람들, 적들에게까지 그 범위를 넓혀간다. 그들에게 삼세의 모든 행복과 선함을 준다고 상상한다.

뜨거운 지옥에는 차가운 바람과 비를, 차가운 지옥에는 따뜻한 온기를 보낸다. 배고픈 아귀들은 목이 너무 좁아 먹을 수가 없기에 그들의 갈증과 배고픔을 받아들이고 그들에게 감로수를 보낸다. 축생계 동물들에게는 지식과 지혜를 보내고, 이기적인 인간들에게는 타인에 대한 이해와 너그러움을 보낸다. 경쟁심이 강한 아수라들에게는 평화와 우정을, 감각적인 즐거움에 머무는 욕계의 천신들과 삼매 속에 머무는 색계 및 무색계의 천신들에게는 공성의 지혜를 보낸다. 한편 아라한, 독각, 보살들은 부정적인 감정에서 벗어났기에 육도를 벗어나긴 했지만 완벽한 깨달음을 얻은 것은 아니므로 완벽한 붓다의 지혜를 보낸다.

수행의 이익과 효과

— 움직이는 호흡을 타라.

받기 명상과 주기 명상을 따로 연습한 다음에는 한 호흡에 받기와 주기 명상을 같이한다. 주고받기 명상을 호흡과 결합하는 것으로, 숨을 들이쉬면서 검은 구름의 형태로 다른 존재들의 부정적인 감정과 인지적 왜곡을 받아들인다. 그리고 숨을 내쉬면서 빛의 형태로 모든 사랑과 자비를 보낸다. 숨을 들이마시고 한동안 그 숨을 유지한 채 천천히 내쉬는 것도 좋다. 이러한 명상법은 집중력을 높이는 데 도움이 된다.

— 세 가지 대상, 세 가지 독 그리고 세 가지 덕의 뿌리에 대해 명상하라.

위 명상은 일상생활에서 지켜야 할 지침에 해당한다. 통렌은 다른 존재들의 어려움을 우리 안에 들이마시고 그 대신 긍정적인 에너지를 내보내는 것이다. 이러한 수행을 명상과 명상 사이인 일상생활에서도 유지하는 것이 중요하기 때문에, 그것을 평소에도 적용하기 위해 노력해야 한다.

원문에서의 세 가지 대상은 매혹적인 대상, 혐오스러운 대상, 아무런 흥미도 느낄 수 없는 대상을 말한다. 우리는 매혹적인 대상을 보면 집착하고 욕심을 내지만, 혐오스러운 대상을 보면 짜증을 내거나 분노를 느낀다. 아무런 흥미를 느낄 수 없는 대상을 보면 지루함을 느끼고 무관심하게 된다. 이 같은 세 가지 대상은 욕망(탐), 분노(진), 어리석음(치)이라는 세 가지 번뇌를 일으키는데, 이것이 바로 세 가지 독이다.

원문에서 세 가지 덕의 뿌리는 이러한 독과 반대되는 긍정적인 태도를 말한다. 다시 말해 집착하지 않는 초연함, 화를 내지 않는 침착함, 무관심하거나 무감각하지 않은 태도를 말한다. 세 가지 대상이 일으키는 세 가지 번뇌는 우리 삶에 어려움을 가지고 온다. 이러한 세 가지 독을 정화하는 것이 바로 세 가지의 덕의 뿌리이다. 세 가지 덕의 뿌리는 대상에게 집착하기보다 왜 자신이 그 대상에게 끌리는지를 제대로 이해하고, 대상에게 분노하기보다 그 대상에게 사랑과 연민을 갖고, 대상에게 무관심하거나 지루해하기보다 그 대상을 열린 마음으로 즐겁게 바라보는 것이다. 통렌을 수행하면서 우리는 숨을 들이마실 때 세 가지 독을 들이마시고, 숨을 내쉴 때는 세 가지 덕의 뿌리(선근 善根)를 내보낸다. 앉아서 통렌 명상을 할 때뿐만이 아니라 일상생활에서도 이러한 방식으로 호흡한다.

깨달음으로 가는 길은 자신의 마음을 들여다보고 그 상태에 책임을 지는 것으로부터 시작된다. 만약 우리가 자신의 마음을 살피는 것을 소홀히 하고 그것에 책임지지 않는다면 우리 삶은 결코 나아지지 않고 쳇바퀴를 돌게 될 뿐이다. 우리 행동은 습관화되고 그것은 일종의 사고 패턴, 다시 말해 개념으로 굳어진다. 자신의 마음을 닦지 않으면 스무 살 이후의 인생은 이미 굳어진 사고 패턴의 끊임없는 반복에 지나지 않는다. 그러나 우리가 매일 자신의 마음을 살피고 마음가짐에 책임을 진다면 우리는 점점 더 나은 사람이 될 것이다.

그렇다면 우리에게 분노를 일으키는 혐오스러운 대상에 대해 먼저 명상해보자. 그는 왜 내게 몹쓸 짓을 해서 분노를 일으키게 하는 것일까? 사실 내가 그를 만난 것은 나의 카르마 때문이다. 과거에 내가 지은 부정적인 행위 때문에 그 결과로 생긴 부정적 에너지가 그를 통해 내게 온 것이다. 그는 그러한 부정적 에너지를 내게 실어 나르는 도구에 지나지 않는다. 또한 그가 내게 그런 몹쓸 짓을 한 것은 그의 나쁜 카르마와 무지 때문이기도 하다.

내가 과거에 내가 만든 부정적인 에너지의 피해자인 것처럼 그 역시 부정적 에너지의 희생자인 것이다. 그렇다면 이제 어떻게 해야 할까? 들숨과 함께 그 사람의 부정적인 카르마와 무지를 검은 구름의 형태로 들여마신 다음 그가 그와 같은 장애에서 해방된다고 상상한다. 그런 다음 날숨과 함께 행복과 사랑의 빛을 내보내면서 그가 더 높은 의식의 경지로 나아간다고 상상한다. 그와 동시에 내 안에 있던 분노는 초연함으로 변형된다.

이 같은 방식은 우리가 집착하는 대상이나 흥미를 느끼지 못하는 대상에게도 적용할 수 있다. 1대 달라이 라마는 통렌 수행이 의심을 초월한다고 말씀한 바 있다. 수행의 효과를 의심할 필요가 없다는 것이다. 어떤 사람은 다른 사람의 나쁜 카르마와 장애를 받아들이고 그에게 사랑과 연민을 보내는 것이 무슨 효과가 있을까 생각하지만 실제로 이 수행은 큰 도움이 된다. 통렌을 수행함으로써 더 친절하고 더 배려하고 더 사려 깊은 사람이 되기 때문이다. 자기 자신이 특별하다는 자기중심성과 이기심을 버리게 되고, 그러한 것들이 사라지면 자연스럽게 모든 존재에게 항상 이익을 줄 수 있게 된다.

사랑과 자비에 대한 로종 스타일의 명상을 하는 동안은 심지어 짧은 기간이라 해도 커다란 내적 변형이 일어난다. 적게는 매일 5분에서 10분 동안 한 달에서 6주 정도만 실천하더라도 마음의 변화뿐 아니라 물질적으로도 변형을 가져온다. 명상을 해 본 적이 없는 학생들을 대상으로 한 에멀리 대학의 연구 결과를 보면, 그들이 단지 매일 5분 동안 명상을 했을

뿐인데도 불구하고 6주 만에 뇌의 편도체, 갑상샘, 심장, 부신을 아우르는 내분비 시스템인 몸의 면역시스템이 100% 개선되었다. 내분비 시스템에서 나오는 화학물질은 우리 의식의 질에 큰 영향을 미친다.

— 이 가르침을 기억하기 위해 어떤 행동을 하던 그것을 말로 암송하라. 이 명상을 한 후에도 이 가르침을 말로 요약해서 간직하라.

상대적인 보리심, 즉 자비를 기르기 위해 로종(마음 훈련)에서 제시한 수행법을 다시 정리해보면, 먼저 우리에게 잘해주는 존재나 우리에게 해를 끼치는 존재나 그들 모두 우리에게 도움이 된다는 것을 숙고하고 모든 존재를 어머니로 보는 명상을 한다. 자기 앞에 어머니가 있다고 관상하는 것부터 시작한다. 그리고 어머니가 우리를 낳고 기를 때 얼마나 많은 친절을 베풀었는가를 기억한다. 어머니의 친절을 기억함으로써 어머니에 대한 깊은 사랑과 감사의 마음을 품게 되고, 그러한 친절에 보답하고자 하는 마음을 내게 된다. 그런 다음에는 아버지, 친척, 친구, 민족, 전혀 모르는 낯선 사람들, 우리를 힘들게 하는 사람들까지도 한때 자신의 어머니였다는 사실을 기억하고 그들의 친절에 감사하고 그 친절을 갚고자 하는 마음을 낸다.

이 같은 방식으로 모든 사람에게 동등한 관심을 두게 된 다음에는 통렌 수행을 한다. 그들의 고통과 나쁜 카르마를 받아들이는 대신 그들에게 사랑과 행복을 보냄으로써 자비심을 기르게 된다. 이러한 수행을 하면서 우리는 모든 존재의 친절을 갚기 위해 깨달음을 얻어야겠다고 다짐하고 발보리심을 내게 된다.

깨달음의 다섯 가지 길과 십지보살

— 불성을 얻겠다는 바람은 고귀한 생각, 발보리심을 수행해서 그 결과를 이룬다.

모든 붓다는 모든 존재를 위해 깨달음을 얻겠다고 발원하고 그것을 실천함으로써 그 결과 깨달음을 얻었다. 마찬가지로 우리도 보리심을 소원하고 그것을 실천함으로써 그 결과 완전한 보리심을 얻을 수 있다. 모든 존재를 위해 깨달음을 얻겠다는 보살의 서원은 한 번에 끝나는 것이 아니므로 우리는 깨달음을 얻을 때까지 발보리심을 내고 그것을 실천함으로써 보살의 서원을 지켜야 한다.

보리심에 대한 발원은 실제적인 붓다의 마음(보리심)으로 자라난다. 그런데 상대적 보리심과 자비심, 절대적 보리심인 공에 대한 지혜는 편의상 구분 지은 것이지, 이 두 가지는 별개의 것이 아니다. 가령 우리가 모든 존재에게 평등심을 내기 위해 자신이 사용하는 물건이 얼마나 많은 사람의 도움을 거친 것인지 명상함으로써 그들에게 감사함을 느낀다면, 그와 동시에 자신의 삶이 얼마나 많은 다른 존재들에게 의존하고 있는지를 깨닫게 된다. 이러한 상호의존성은 우리에게 다른 존재들과 상호의존적인 관계 안에 있다는 것에 대해, 다시 말해 공에 대해 생각하게 만든다.

자비심을 키우는 수행은 언제나 공에 대한 이해와 함께한다. 이렇듯 발보리심을 내고 수행을 통해 진정한 보리심(깨달음)을 얻는 과정을 몇 단계로 나누어 설명할 수 있는데, 그것을 축적의 길(자량도), 적용의 길(가행도), 보는 길(견도), 명상의 길(수도), 더는 배울 바가 없는 지고의 길(무학도)로 나누어 설명한 것이 바로 다섯 가지 길(Skt. pañcamārga; Tib.

lam lnga)이다.

첫 번째 축적의 길은 자신뿐만 아니라 다른 존재들을 윤회의 고통에서 구하겠다는 마음을 내고 세속적인 삶에서 물러나는 단계이다. 두 번째 적용의 길은 사마타와 비파사나를 함께 수행하는 단계이다. 세 번째 보는 길은 처음으로 공을 직접적으로 깨닫는 경지로서 이 단계에서 수행자는 아라하트(아라한)가 된다. 보살십지(菩薩十地)로 따지면 첫 번째 단계인 환희지에 해당한다. 네 번째 명상의 길은 아직도 의식의 연속체(마음의 흐름) 안에 남아 있는 미세한 장애들을 정화하는 단계이다. 보살십지 중 두 번째 단계에서 열 번째 단계가 여기에 해당한다. 다섯 번째인 더는 배울 바 없는 지고의 길은 의식의 연속체에서 미세한 장애를 완전히 제거한 상태로 이 단계는 완벽한 붓다의 경지를 말한다.

그렇다면 보살이 붓다가 되어가는 열 가지 단계인 보살십지(菩薩十地)에 대해 알아보자. 보살십지를 산스크리트어로 보디사트바 다사부미(Skt. daśabhūmi; Tib. sa chu)라고 하는데, 보살의 십 단계는 다음과 같다. 우선 첫 번째 환희지(歡喜地)는 처음으로 공을 개념이 아닌 경험으로 깨닫는 단계이다. 그러나 아직 완전히 공성을 깨달은 것이 아니라 공성을 인식한 상태이므로 이 단계를 공을 처음 보았다는 뜻에서 초견(初見)이라고 한다.

첫 단계의 보살이 되어 두 번째 단계인 이구지(離垢地)에 이르러 어떻게 공성을 인지하는지 알게 되면 공성에 머무는 시간이 늘어난다. 공성 안에 머물지 않았을 때는 더럽다고 여겨졌던 것이 이제 공성 안에서는 모든 것이 순수하다는 것을 깨닫는다. 세 번째 발광지(發光地)에 이르면 보살은 깊은 삼매 상태에서 빛을 발하게 된다. 네 번째 염혜지(焰慧地)에서는 지혜의 밝은 불꽃이 모든 슬픔을 태운다.

다섯 번째 난승지(難勝地)는 말 그대로 극복하기 어려운 단계로서 보살이 붓다가 되기 위해 거치는 가장 어려운 장애라고 할 수 있다. 여섯 번째 현전지(現前地)는 공 그 자체가 나타나는 경지이다. 이전 단계에서는 공의 기쁨, 공의 순수함, 공의 빛, 공의 불꽃들이 나타났지만 이젠 공이 나타나며 보살은 공을 실현하게 된다.

일곱 번째 원행지(遠行地)에서 보살은 공을 실현하는 데서 멈추지 않고 말 그대로 더 멀리 나간다. 그는 이제 카르마에서 벗어나고 '나'라는 정체성에서 벗어나 모든 존재를 돕기 시작한다. 여덟 번째 부동지(不動地)는 어떠한 장애나 편견에도 흔들리지 않는 경지를 말한다. 아홉 번째 선혜지(善慧地)는 제한 없이 다르마를 설법할 수 있는 경지이며, 열 번째 법운지(法雲地)는 마치 구름이 차별 없이 모든 존재에게 비를 내리듯 모든 존재에게 이익을 줄 수 있는 단계를 말한다.

다섯 가지 길과 보살십지를 연결하면, 다섯 가지 길의 보는 길은 보살십지 첫 번째 단계인 환희지에 해당한다. 명상의 길은 보살십지의 두 번째 단계 이구지에서 일곱 번째 단계인 원행지까지, 지고의 길은 보살십지의 여덟 번 단계인 부동지에서 열 번째 단계인 법운지까지 해당한다.

아상가의 깨달음 22단계

깨달음의 다섯 가지 길과 십지보살 외에도 깨달음의 과정을 나누는 다른 척도가 있다. 아상가(Asanga)는 자신의 책인 현관장엄론(Abhisamayalankara)에서 보리심이 발전해가는 과정을 22단계로 비유했다.

— 땅, 금, 달, 불, 보물, 보석 광산, 바다, 금강저, 수미산, 약, 덕이 많은

스승, 여의주, 태양, 노랫가락, 왕, 보물창고, 큰길, 훌륭한 말, 우물, 음악의 선율, 강물, 그리고 구름 이것이 보리심 수행의 스물두 가지 비유라네.

아상가는 보리심의 첫 단계를 땅에 비유했다. 이것은 모든 존재들을 위해 깨달음을 얻겠다고 발원하는 단계로서 이러한 발원은 비옥한 대지와 같다. 바로 이 땅 위에서 깨달음의 씨앗을 심으면 그것은 깨달음의 나무로 자라난다. 두 번째는 금에 비유했는데, 이 단계에 이르면 모든 존재들을 위해 깨달음을 얻겠다는 발원이 금처럼 단단해진다. 이러한 결심은 깨달음을 얻을 때까지 변하지 않고 계속된다. 보리심의 세 번째 단계는 보리심이 달처럼 차오르므로 그와 같은 달에 비유된다. 달은 태양처럼 뜨거운 열기를 내뿜는 것이 아니라 머리를 식히는 차가운 빛을 내보낸다. 세 번째 단계를 성취한 사람은 달처럼 다른 사람들의 번뇌의 열기를 식히는 힘과 치유의 힘을 내보낸다. 앞서 세 단계는 다섯 가지 길의 첫 단계인 축적의 길에 해당하는 반면, 네 번째 단계부터는 적용의 길에 해당한다.

아상가는 네 번째 단계를 불에 비유했다. 이 단계에서 수행자는 공에 대해 직접적으로 체험하게 된다. 그리고 이러한 공에 대한 이해는 불처럼 모든 왜곡을 태우는데, 나가르주나는 아라하트(아라한)가 되는 순간이라고 말한다. 다섯 가지 길 중 적용의 길에 해당하는 단계로서 이 시점부터는 일상적인 번뇌(klesha)에서 벗어난다. 그러나 이 단계에서 명상할 때는 공성을 체험하지만, 명상하지 않을 때는 나와 타자라는 이원성에서 벗어나지 못한다. 명상이 아닌 상태에서도 명상할 때와 같이 비이원성을 유지하기 위해 우리는 통합의 과정을 밟아야 한다. 다시 말해 명상 상태의 공의 경험을 일상생활로 가져오는 노력이 필요하다. 따라서 다섯 번째부터 열 단계는 10개의 바라밀다를 수행하게 된다. 이 열 단계는 보살십지에 해당한다.

다섯 번째 보리심의 단계에서는 보시 바라밀다를 성취한다. 보시 바라밀다는 보살십지의 첫 단계에 해당하는데, 모든 중생을 만족시키기 때문에 보석과 같다. 여섯 번째 단계에서는 지계 바라밀다를 성취한다. 이 단계는 강인함과 같은 모든 고귀한 성품의 원천이기 때문에 보석 광산에 비유된다. 이로부터 명상의 길이 시작된다. 일곱 번째 단계에서는 인욕 바라밀다를 성취하는데, 인욕 바라밀다는 악조건에 당면해도 동요하지 않으므로 바다와 같다. 여덟 번째 단계에서는 정진 바라밀다를 성취한다. 정진 바라밀다는 금강저와 같다. 정진 바라밀다를 성취하면 더할 나위 없는 깨달음(무상정득각)에 대한 믿음이 다이아몬드처럼 굳건해져 그 어떤 영향에도 파괴되지 않기 때문이다.

아홉 번째 단계에서 우리는 선정 바라밀다를 성취한다. 이젠 완벽한 집중, 다시 말해 완벽한 삼매에 도달하게 된다. 이러한 삼매는 최고의 산인 수미산과 같다. 왜냐하면 우리는 더 이상 그 어떤 것에도 주의를 빼앗기지 않기 때문이다. 열 번째 단계에서는 지혜 바라밀다를 성취한다. 여기서 지혜는 산스크리트어로 프라즈나(prajan)를 뜻하는데, 프라즈나는 공에 대한 통찰을 뜻한다. 이 단계에서는 나도, 내 밖에서 일어나는 현상도 공하다는 것을 깨닫는다. 이러한 지혜 바라밀다는 부정적인 감정과 인지적인 왜곡을 정화하기 때문에 약과 같다.

열한 번째 단계에서는 방편 바라밀다를 성취한다. 이젠 공에 대한 지혜뿐만 아니라 모든 존재를 도울 방편까지 갖게 된다. 방편 바라밀다는 스승과 같은데, 방편 바라밀다를 성취하면 부를 누릴 때나 상실에 시달릴 때나 어떤 상황에도 상관없이 모든 존재를 도울 수 있기 때문이다. 열두 번째 단계에서 우리는 더할 나위 없는 깨달음(무상정등각)을 성취하겠다는 강력한 발원을 하게 된다. 이러한 발원은 성취된다는 의미에서 소원을 이루어주는 보석, 여의주에 비유된다. 열세 번째는 력 바라밀다(力波羅蜜)를 성취하는 단계로서 영적인 힘을 성취하게 된다. 력 바라밀다는 태양과 같은데, 태양 빛이 가을날 곡식들을 여물게 하듯 제자들 마음속의 덕을 성숙시킬 수 있기 때문이다.

열네 번째 단계에서는 지 바라밀다(智波羅蜜)을 성취한다. 여기서 지는 산스크리트어로 지나(Jina)를 뜻한다. 마음은 두 가지 성격을 지녔는데, 그 중 하나는 뭔가를 일으킨다는 것이다. 의식연속체(마음의 흐름) 안에는 수많은 감각, 감정, 이미지, 생각들이 일어난다. 마음의 두 번째 성격은 마음 안에 일어나는 그러한 현상들을 인식하는 능력으로 이는 마음이 지닌 본래의 인식 능력, 앎의 능력을 뜻한다. 지 바라밀다는 간달바의 노랫소리와 같다. 음악의 신, 간달바가 노래로 사람들을 감동하게 하듯 지 바라밀다를 성취한 사람은 법문으로 사람들을 깨달음으로 나가도록 고무시킨다. 이 단계까지 보살십지 중 일곱 번째인 원행지에 해당한다. 그다음 열다섯 번째 단계에서 열아홉 번째 단계까지 즉 왕, 금고, 큰길, 훌륭한 말, 샘물의 비유는 보살십지 중 부동지, 선혜지, 법운지를 설명한 것이다.

열다섯 번째 단계는 왕에 비유되며 신통력을 성취하게 된다. 이러한 능력을 바탕으로 강력한 왕처럼 모든 존재를 고통에서 벗어날 수 있도록 이끈다. 열여섯 번째 단계는 재화를 저장하는 금고에 비유된다. 이 단계에서 우리는 다른 존재들을 도울 수 있는 상상할 수 없이 많은 공덕과 지혜를 쌓게 된다. 열일곱 번째는 깨달음에 이르는 37개의 수행을 (Skt. saptatriṁśa–bodhipakṣa–dharma; Tib. byang chub kyi phyogs kyi chos sum cu rtsa bdun) 모두 마치는 단계로서 큰길에 비유된다. 처음부터 끝까지 과거 붓다들이 수행했던 모든 길을 밟은 셈이므로 이 단계를 큰 길에 비유한 것이다.

열여덟 번째 단계는 훌륭한 말에 비유되며 이 단계에서는 자비와 지혜, 상대적 보리심과 절대적 보리심을 통합한다. 이 둘의 결합은 마치 훌륭한 말처럼 우리를 윤회나 삼매에 떨어지는 일 없이 집착 없는(무주) 경지로 데려간다. 열아홉 번째 단계는 샘물과 같다. 이 단계에서는 우리가 배우는 다르마를 모두 기억하고 그것을 빠짐없이 다른 존재들에게 가르칠 수 있게 된다. 다르마에 대한 기억과 그것을 가르칠 자신감이 샘물처럼 솟아난다.

스무 번째 단계는 붓다가 되는 경지로서, 사법인을 가르치는 것을 축하하는 법회에서 들려오는 즐거운 음악에 비유된다. 이 단계에 이르면 해탈을 갈망하는 제자들에게 다르마의 음악을 전할 수 있기 때문이다. 스물한 번째 단계는 한 방향으로 굽이쳐 흐르는 강물에 비유된다. 강물처럼 차별 없이 모든 존재의 행복을 위해 일하고 자비와 지혜로 그들을 대할 수 있기 때문이다. 스물두 번째 단계는 구름에 비유되는데 이 단계에서는 법신을 성취한다. 이제 우리는 붓다의 열두 행위를 할 수 있는 능력을 갖게 된다. 우리는 도솔천에 머물 수도 있고 모든 존재를 깨달음으로 이끌 수 있다.

샨티데바(Shantideva)는 입보리행론(Bodhicaryavatara)에서 "어떤 곳에 이르기 위해서는 먼저 그곳에 가기를 바라야 한다. 깨달음에 도달하기 위해서는 먼저 깨달음을 얻고자 발원해야 한다"라고 했다. 깨달음을 얻고자 발원한 다음에는 보리심을 키우는 보살의 수행을 해야 한다. 발보리심과 행보리심은 눈과 다리와 같다. 발보리심을 통해 우리는 가야 할 곳을 바라보고, 행보리심을 통해 그곳에 이르는 길을 걷는다. 그 과정은 항상 즐겁고 유연해야 한다. 1대 달라이 라마는 그에 대해 이렇게 말씀했다. "우리는 바람에 떠다니는 민들레 솜털 씨처럼 가벼워야 한다. 모든 것은 즐거운 놀이처럼 행해져야 한다. 모든 것이 가볍게 흘러갈 수 있게 놓아두어야 한다. 우리는 모든 것이 본래 공하다는 것을 이해해야 한다. 이 같은 이해를 통해 우리는 해탈에 이른다."

4장

부정적 조건을 깨달음의 방편으로 삼기

세 번째 요점

고통과 어려움을 수행의 자산으로

— *세상과 그곳에 사는 사람이 사악할 때 이러한 부정적인 조건을 깨달음에 이르는 방편으로 변형시켜라.*

마음을 훈련하는 일곱 요점 중 세 번째 요점은 모든 어려움을 어떻게 수행의 자산으로 삼는가이다. 우리는 보통 병에 걸렸거나 어려움을 만났을 때 혹은 모욕을 당했거나 하는 일은 삶을 망치는 부정적인 일로 생각한다. 그러나 마음을 훈련하면 이러한 불행들을 친구로 삼게 된다. 내 스승 중 한 분은 이것을 새가 가시덩굴에서 사는 것에 비유했다. 보통 새들은 가시덩굴을 피하지만, 똑똑한 새는 가시덩굴을 친구로 삼아 둥지를 튼다. 7대 달라이 라마는 "수행이 안 된 사람은 고통을 겪으면 그들의 마음이 그것을 과장해 확대시킨다. 반면 로종을 수행하는 사람이 고통을 받으면 그들의 마음은 그것을 축소시킨다"라고 말씀했다.

마음 훈련의 일곱 요점 주석서에서 1대 달라이 라마는 어려움을 친구로 변형시키는 두 가지 방식을 제안했다. 그 하나는 관습적인 보리심의 방법이고, 다른 하나는 궁극적인 보리심이다. 사실 세 번째 요점은 명상하는 시간 외 일상생활에서 두 가지 보리심을 닦는 방법이라고 할 수 있다.

— *모든 비난을 한 가지에 놓아라. 그리고 친절로 모든 존재에 대해 명상하라.*

당신이 어떤 사람인지 상관없이, 어떤 나이에 있든 어떤 지위에 있든 상관없이 어려움은 찾아온다. 건강의 문제로 어려움이 올 수도 있고 부모나 자식, 가족, 친구와의 관계에서 어려움이 올 수도 있다. 직장생활이나 어떤 활동과 관련해 어려움이 올 수도 있다. 이것은 분명한 사실이다. 또 하나 분명한 사실은 마음 훈련을 한 사람보다 마음 훈련을 하지 않는 사람이 같은 어려움에 부닥치더라도 훨씬 더 불행하게 느낀다는 것이다. 마음 훈련을 한 사람에겐 편안하게 받아들일 부분이 마음 훈련이 되지 않은 사람에게는 큰 고통으로 다가온다. 마음 훈련이 되지 않은 사람은 마음이 편하지 않기 때문에 어려운 상황에 현명하게 대처하지 못한다. 오히려 상황을 악화시키는 선택을 해서 더 불행해지기도 한다. 이렇게 악순환이 반복되기 때문에 우리는 어려움을 친구로 삼는 마음 훈련을 해야 한다.

어려움과 고통은 사실 배움의 과정 일부라고 할 수 있다. 뭔가가 잘못되었을 때 어려움과 고통이 생긴다. 몸의 어딘가가 잘못되었을 때는 병이 오고, 살림을 잘못 꾸렸을 때는 경제적인 문제가 생기고, 사회적 정의가 실현되지 않을 때는 분쟁이 일어난다. 이렇듯 고통이나 어려움이 생겼다면 그것은 뭔가 잘못되었다는 신호이다. 가령 손을 불에 넣는다면 무척 고통스럽겠지만 그것은 유용한 정보가 된다. 그 고통을 통해 불에 손을 넣으면 안 된다는 것을 배우기 때문이다.(웃음) 우리는 고통 없이 배우기를 원하지만 그런 일은 일어나지 않는다. 한 번도 넘어지지 않고 무릎이 깨지는 경험 없이 걸음마를 배우는 아기는 없다. 물론 자신의 실수가 아닌 다른 사람의 실수를 통해 배우는 것도 있지만 자신의 실수를 통해 더 깊이 배우게 된다.

당나귀는 당근과 채찍이라는 두 가지 방식으로 배운다는 말이 있다. 우리는 당나귀와 비슷한 점이 있다. 올바른 일을 하면 좋은 일이 생긴다는 것을 배우고, 반대로 실패라는 채찍을 통해 배우기도 한다. 이렇게 우리는 당근과 채찍, 성공과 실패의 경험을 통해 배운다. 이것은 일상생활뿐만 아니라 깨달음의 길에서도 적용되는 진실이다. 깨달음의 길에서도 우리는 어려움과 고통, 채찍을 통해 배운다. 로종에서 깨달음의 길을 가는 데 있어 고통과 어려움을 친구로 삼으라고 한 이유가 여기에 있다. 따라서 뭔가 힘들고 어려운 일이 생겼을 때 우리는 스스로 이렇게 물어야 한다. 이 경험으로부터 무엇을 배울 수 있는가? 여기에서부터 어떻게 성장할 수 있는가?

어려움을 친구로 변형하는 두 가지 방법

우리가 겪는 어려움은 우리 삶을 무너트릴 수도 있고 성장시킬 수도 있다. 어려움을 친구로 여겨 이용한다면, 그 어려움에서 우리는 항상 이득을 얻을 수 있다. 어려움을 친구로 삼는 마음 훈련은 두 가지로 나뉜다. 하나는 상대적 보리심에 대해 숙고하는 것이고, 또 하나는 궁극적인 보리심에 대해 숙고하는 것이다. 그렇다면 어려움을 만났을 때 상대적 보리심에 대해 숙고함으로써 어려움을 친구로 만드는 수행부터 이야기해 보자.

우선 우리가 겪는 대부분의 고통이 자기 자신이 가한 것이라는 사실을 알아야 한다. 우리는 자신의 아내와 아이들을 거칠게 다루면서 우리 집에 갈등이 있다고 불평한다. 자신이 차를 과속으로 몰아 속도위반 딱지를 받으면 경찰에게 화를 내기도 하고, 비빔밥에 너무 많은 고추장을 넣어 먹고는 소화 불량이라고 불평하기도 한다.

달라이 라마는 인간의 고통의 99%는 자기 자신이 가한 것이고, 나머지 1%만이 우연히 일어난 것이라고 말씀한다. 윤회하는 세상에 사는 모든 존재는 자기가 열심히 자기 손을 꼬집으며 그 고통에 시달리고 있다. 따라서 우리가 겪는 고통은 비단 나만 앓는 게 아니라, 온 우주의 수많은 존재가 앓고 있다고 생각해야 한다. 그런데도 그 고통에 매달리는 것은 자신만을 중요하게 여기기 때문이다. 자기 혼자만 그러한 고통을 겪는다는 생각에 자기연민에 빠져서는 안 된다. 수천수만 명의 사람들이 그와 같은 고통을 겪고 있다는 사실을 기억해야 한다. 무슨 일이 일어나든 우리는 자신을 특별히 여기는 태도를 탓해야 한다.

이 같은 숙고를 한 다음에는 통렌을 한다. 숨을 들이마시면서 자신과 같은 어려움을 지닌 존재들의 고통을 받아들인다고 상상한다. 그러면서 그들의 고통이 자신의 가슴 안에 있는 이기심을 부순다고 상상한다. 숨을 내쉴 때는 모든 사랑과 행복을 밖으로 내보내면서 그들에게 사랑과 행복을 보낸다고 상상한다. 부모와 형제, 배우자, 자식 등 어떤 사람과 문제가 일어난다면, 숨을 들이마실 때 그들의 부정적인 에너지를 들이마시며 그것이 자신의 가슴 속에 있는 이기심을 부순다고 상상한다. 그리고 숨을 내쉴 때는 그들에게 사랑과 행복의 에너지를 보낸다.

통렌은 텔레비전 뉴스에서 분쟁과 기아, 재난의 현장을 보았을 때도 실행할 수 있다. 그러한 문제들을 자기 힘으로 해결할 수 없는 일로 여겨 무력함을 느끼기보다는 통렌을 한다. 숨을 들이마실 때 우주 전체로부터 고통과 슬픔을 들이마시면서 그것이 자신의 이기심을 부순다고 상상하고, 숨을 내쉴 때는 사랑과 평화를 밖으로 내보낸다고 생각한다. 7대 달라이 라마는 자신의 시에서 이렇게 노래했다.

— ***그대가 물조차 지나갈 수 없을 만큼 더없이 낮은 상태에 있을 때도 아래를 내려다보면 더 나쁜 상황에 처한 사람들이 있네. 그대가 부와 권력을 지녀 오만함과 자신감에 차 있을 때도 위를 올려다보면 그보다 더 나은 사람들이 있다네.***

이 같은 관점을 갖게 되면 고난이나 장애가 일어날 때마다 우리는 그것이 자신에게만 던져진 엄청난 일로 받아들일 것이 아니라, 세상에서 흔히 일어날 수 있는 작은 문제로 보게 된다. 그러한 사실을 깨닫고 온갖 고난과 장애를 가벼운 문제로 받아들인다면 그에 따른 스트레스, 불안, 고통도 작아진다.

상대적 보리심 숙고하기

— ***모든 비난을 한 가지에 놓아라. 그리고 친절로 모든 존재들에 대해 명상하라.***

우리는 우리에게 어려움과 장애를 가져다준 존재들마저 친절하다고 여길 필요가 있다. 이것을 이해하기 전에 우리 자신에게 이 같은 질문을 던져봐야 한다. 왜 어려움과 장애가 내게 온 것일까? 왜 그 사람이 내게 그런 몹쓸 짓을 한 것일까? 그 사람과 나와는 무슨 연관이 있는 걸까? 불교에서는 누군가 자신에게 몹쓸 짓을 한 것을 카르마, 다시 말해 인과로 설명한다.

사실 내게 어려움과 장애를 가져오는 상대는 과거에 내가 만들었던 부정적인 에너지를 실어나르는 그릇일 뿐이다. 그 사람을 끌어들인 것은 자신의 카르마 때문이다. 그 사실을 깨닫지 못한다면 우리는 여지없이 카르마에 의한 예정된 반응을 하게 된다. 불쾌한 사람이 자신을 찾아오면 화를 내며 그에 맞서거나 겁을 먹고 도망가게 된다. 반대로 매력적인 사람이 찾아오면 그것에 집착하고 끌려 들어간다. 이렇게 반응한다면 그것은 과거로부터 이어지는 카르마를 더욱 단단하게 만들 뿐이다. 따라서 이러한 고정된 패턴을 깨야 한다.

어떤 무술에서나 적용되는 공통된 격언이 있는데, 그것은 예측되는 방식으로 움직이지 않는다는 것이다. 내가 발을 찰 것으로 상대가 예상할 때는 주먹을 날려야 한다. 내가 발을 찰지, 주먹을 날릴지 몰라 상대가 경계하고 있을 때는 손가락으로 눈을 찔러야 한다.(웃음) 이와 마찬가지로 어려움과 장애가 찾아오면 우리는 전혀 예상치 못한 반응을 해야 한다. 그것을 받아들이고 통렌을 하는 것이다. 숨을 마실 때는 모든 부정적인 에너지를 받아들이고, 숨을 내쉴 때는 모든 긍정적인 에너지를 보낸다. 이렇듯 어려움과 장애를 깨달음으로 가는 길을 돕는 친구로 받아들이고 부정적인 에너지를 긍정적인 에너지로 변형시킨다.

명상 시간을 제외한 일상생활에서도 상대적 보리심을 수행해야 한다. 우선 자기중심적인 태도를 버리고 일어난 일들을 큰 맥락에서 받아들이는 것이다. 그것이 좋은 일이든 나쁜 일이든 일어날 일은 일어난다. 우리는 그것을 자기중심적인 태도로 받아들여서는 안 된다. 자신을 방해하는 사람을 만났다 해서 자신만 그런 고통을 겪는다고 생각해선 안 된다. 자신에게 잘해주는 사람을 만났다 해서 자신만 특별한 듯 우쭐해서도 안 된다. 이 모든 것을 큰 맥락에서 봐야 한다.

좋은 일이든 나쁜 일이든, 적대적인 사람이든 우호적인 사람이든 내가 그런 상황과 그들을 만난 것은 카르마, 과거에 내가 했던 일의 결과이다. 따라서 어떤 상황과 사람을 만나든 우리는 그로부터 배우고 성장해야 한다. 상대가 자신에게 몹쓸 짓을 하는 사람이라 해도 마찬가지이다. 어쩌면 그는 과거 생애에서 내 어머니였을지도 모른다. 설령 지금 그가 내게 몹쓸 짓을 한다 해도 원래부터 그랬던 것은 아니다. 부정적인 영향이나 카르마로 인해 그럴 수도 있고, 다른 한편 가엾게도 그의 행위가 원인이 되어 어떠한 과보를 받게 될지도 모른다. 오히려 우리는 그에게 깊은 친밀감을 느끼며 어머니처럼 대하고 친절한 사람으로 생각해야 한다. 이처럼 통렌을 수행하고 모든 사람을 친절하다고 명상하는 것은 무엇보다 우리 자신의 부정적인 카르마를 정화하는 데 큰 도움이 된다.

궁극적 보리심 숙고하기

—모든 상대적인 현상을 붓다의 네 가지 몸으로 명상하라. 최상의 보호자는 공이다.

궁극적인 자비심에 대해 숙고하는 것은 우리에게 찾아온 어려움과 장애를 궁극적인 보리심, 즉 공에 대한 명상을 통해 긍정적인 것으로 바꾸는 것을 말한다. 1대 달라이 라마는 어려움과 장애를 겪는 상황에서 공에 대한 통찰이 어떻게 도움이 되는지에 대해 다음과 같이 설명했다.

—외부에서 공격을 받거나, 내부에서 일어난 질병이나 괴로운 감정으로 고통받을 때 우리는 이러한 일들이 자신이 혼란스럽기 때문에 일어난 일이라고 생각해야 한다. 사실 외부에서 온 장애도, 내부에서 일어난 장애도 고정된 실체를 가지고 있지 않다. 그것에 대해 깊이 사유해보자. 그 일이 어떤 식으로 처음에 일어났고 중간에 어떤 식으로 전개되어 마지막에 어떤 식으로 끝났는지 살펴보는 것이다. 그것은 태초에 존재하는 원인으로부터 생겨난 것이 아니기에 그 장애는 태어나지 않는 진리의 몸(법신)이다. 그것은 태초에 무언가로부

터 생겨난 것이 아니기에 마지막에 그것을 사라지게 할 무언가도 없다. 따라서 그것은 끝나지 않는 아름다운 몸(보신)이다. 그 장애는 시작된 것도 아니고 끝나는 것도 아니고, 그렇다고 한 상태에 머물지도 않고 화현되는 몸(화신)이다. 태어남, 머무름, 사라짐으로부터 자유로운 것이 바로 본질의 몸(청전신, 스바바카야)이다. 이러한 식으로 모든 어려움은 어려움 자체도, 그 어려움을 주는 대상과 겪는 주체도 따로 독립해 존재하지 않는다는 것을 명상해야 한다. 공에 대한 명상은 장애를 막는 최상의 보호자이다.

사물은 진짜처럼 보인다. 그러나 사물은 나가르주나가 중론의 사구부정에서 설명한 대로 실체로 존재하고 실체로 존재하지 않으며, 실체로 존재하는 동시에 실체로 존재하지 않고, 실체로 존재하는 것도 존재하지 않는 것도 아니다. 상대적인 진리, 관습적인 차원에서 보았을 때 사물은 실재하는 것처럼 보인다. 또한 시간의 흐름에 따라, 원인과 조건에 따라 일어나 그 원인과 조건이 유지되는 동안 머물다가 그 원인과 조건이 변하게 됨에 따라 사라진다. 그러나 궁극적인 진리, 공의 차원에서는 그 어떤 것도 별개의 현상, 고정된 현상, 변치 않는 현상으로 생겨나지 않는다.

모든 사물은 우주 안에 존재하는 모든 것의 영향을 받아 일어난 것이다. 이것이 법신이다. 법신의 측면에서 볼 때 사물은 우주 안에 있는 모든 것과 영향을 주고받는 관계망 이상의 것은 아니다. 그 관계망은 전우주적이기 때문에 태어나지 않은 법신이라고 부른다. 시작이 없으면 끝도 없다. 태어나지 않았는데 어떻게 끝이 있겠는가? 가령 우리에게 백만 달러가 없다면 백만 달러를 잃을 일도 없다. 이것이 끝이 없는 보신이다. 어떤 것이 시작되었으면 끝이 있고, 그 사이에 그것이 유지되는 기간이 있다. 그런데 시작도 끝도 없는데 그사이에 그것이 유지될 수 있겠는가? 이렇듯 유지되지 않는 것을 머무름이 없다(무주 無住)고 한다. 그래서 이것을 머무름이 없는 화신이라고 한다.

한편 태어나지도 않고 끝나지도 않고 중간에 머물지도 않는 것이 궁극의 보리심, 곧 공이다. 이것은 모두 궁극적인 진리, 공의 차원에서 보았을 때의 일이다. 생겨나지 않기 때문에 그것은 끝나지도 않는다. 시작도 끝도 없기 때문에 그것은 유지되지도 않는다. 이것이 바로 청정신(스바바카야)이다. 다시 말해 모든 사물은 동시에 붓다의 세 가지 몸인 법신, 보신, 화신을 드러낸다. 1대 달라이 라마는 모든 상대적인 현상을 붓다의 세 가지 몸으로 보라는 원문을 설명한 후 이렇게 덧붙였다.

> — ***이런 식으로 모든 현상이 실체가 없다는 것을 특히 어려움 그 자체, 어려움을 주는 사람, 어려움을 겪는 사람이 실체가 없다는 것을 명상해야 한다.***

사실 주체, 대상, 행위인 삼륜(三輪)은 서로 상호의존적인 관계에 있다. 우리는 누군가 자신을 어렵게 만든다고 생각하지만 어려움, 어려움을 주는 사람, 어려움을 겪는 사람을 별개로 생각할 수 없다. 어려움이 없다면 어려움을 주는 사람도, 어려움을 겪는 사람도 있을 수 없다. 어려움을 주는 사람이 없다면 어려움을 겪는 사람도 어려움 자체도 존재할 수 없다. 어려움을 겪는 사람이 없다면 어려움을 주는 사람도, 어려움 자체도 성립되지 않는다. 즉 주체, 대상, 행위는 삼차방정식이다. 각각의 변수는 서로 다른 변수와의 관계 안에서만 규정된다.

이렇듯 공에 대해 명상함으로써 우리는 어려움을 깨달음을 성취하는 데 이용할 수 있다. 사실 고난과 장애는 깨달음으로 가는 길에 방해가 아닌 도움을 준다. 만약 고난과 장애가 없다면 우리의 마음은 느슨해지고 게을러진다. 선가에서 명상할 때 마음이 느슨해지고 졸음이 오면 죽비를 맞는 것과 같다고 할 수 있다. 죽비를 맞고 정신이 번쩍 들면 그 순간 우리는 다시 깨어나 명상을 하게 된다. 약간의 충격이나 분노, 두려움을 느낄 때 오히려 마음 닦기가 좀 더 쉬워진다. 이러한 어려움은 일종의 자극이나 각성제가 된다. 어쩌면 아무런 어려움도 없이 마냥 평안히 명상하는 것이 더 어려운 일인지도 모른다. 따라서 곤란과 장애를 다르마를 수행하는 데 이용한다면 그것은 우리의 방해꾼이 아니라 친구가 될 것이다. 이 같은 어려움은 우리에게 상대적 보리심과 궁극적인 보리심, 다시 말해 한없는 자비와 공에 대한 통찰을 기를 좋은 기회를 제공한다.

공을 방편으로 어려움을 긍정적 에너지로 변형시킨다는 것은 모든 것이 상호의존적이라는 사실을 깨닫는 것이다. 사물의 실체를 찾다 보면 우리는 그것이 없다는 사실을 발견하게 된다. 사마타 명상은 지금 이 순간에 머무는 것, 현존하는 것을 목표로 한다. 그런데 공에 대한 명상을 하면 지금 이 순간이 없다는 것을 알게 된다. 지금 이 순간이라고 말하는 순간, 이미 지금 이 순간은 지나가 버린다. 또한 공에 대한 명상을 통해 주체도, 대상도, 행위 그 자체도 존재하는 것이 아니라는 사실을 깨닫게 된다. 따라서 어려움 자체도, 어려움을 겪는 나도, 나를 어렵게 하는 사람도 그 자체로는 성립되지 않는다는 것을 알게 된다. 어려움이라는 것은 고정된 것이 아니라 공한 것이다.

내 스승님 중 한 분은 법문 중에 심장마비가 와서 법문을 중단하고 옆방으로 가 명상을 했다. 그리고 그 자세로 마치 휴일에 나들이를 가는 것처럼 편안한 모습으로 열반에 들었다. 이처럼 로종의 전통에서는 진통제를 복용함으로써 어려움과 고통을 피하려 하지 않는다. 그렇다고 그것을 억지로 참으려 하지도 않는다. 오히려 고통과 어려움을 받아들여 상대적인 보리심과 궁극적인 보리심 두 측면을 모두 수행함으로써 자신의 수행을 깊게 만든다.

5장

한 생애 동안 지속되는 수행의 원칙

네 번째 요점

평생 닦아야 할 다섯 가지 힘

— 이 가르침의 핵심은 다섯 힘을 수행하는 것으로 요약될 수 있다.

마음을 훈련시키는 네 번째 요점은 평생 동안 어떻게 체계적인 수행을 하느냐에 대한 것이다. 원문에서는 다섯 가지 힘을 기르는 데 전념하라고 조언하는데, 그 힘들은 하얀 씨앗의 힘, 결심의 힘, 초월의 힘, 친숙함의 힘, 발원의 힘을 말한다. 우리는 이 다섯 가지 힘들을 살아 있는 동안에 수행할 수도 있고 임종의 순간에도 할 수 있다. 살아 있는 동안이나 죽음의 순간에나 다섯 힘들을 기르는 방식은 같지만, 그 순서는 조금 다르다.

먼저 살아있는 동안 기르는 다섯 힘들 중 첫 번째인 하얀 씨앗의 힘부터 살펴보면, 하얀 씨앗의 힘은 동기를 뜻한다. 불교에서는 동기가 모든 것이라고 할 만큼 중요하다. 같은 일을 해도 동기가 다르면 결과는 달라진다. 하얀 씨앗의 힘은 우리가 무엇을 하던 그것을 두 가지 보리심을 키우겠다는 동기로 여겨야 한다는 의미가 있다. 만약 우리가 상대적인 보리심과 궁극적인 보리심을 기르겠다는 동기로 수행한다면 훗날 그것은 깨달음에 이르는 씨앗이 된다. 가령 모든 존재에게 이익을 주겠다는 동기를 갖고 동물이나 벌레에게 남은 먹을거리를 준다면 좋은 카르마를 쌓을 수 있지만, 아무런 동기도 없이 그 먹을거리를 버린다면 무단 투기에 지나지 않게 된다. 같은 행위를 하더라도 선한 동기를 가지고 행동하면 좋은 카르마가 되지만, 악한 동기로 한 행동은 나쁜 카르마를 쌓는 원인이 된다. 동기는 굉장히 중요하다. 모든 존재를 돕기 위해 깨달음에 이르고자 하는 동기로써 행동한다면 모든 행위는 긍정적인 것이 되기 때문에 하얀 씨앗이라고 한다.

두 번째는 결심의 힘이다. 한평생 우리는 이렇게 다짐해야 한다. 지금부터 깨달음이 성취될 때까지 모든 중생이 행복 속에 머물기를, 모든 존재가 고통으로부터 자유로워지기를, 모든 중생의 이익을 위해 내가 완벽한 붓다의 경지에 이르기를. 대승불교를 따르는 사람들은 많다. 중국, 한국, 일본, 베트남, 티베트, 몽골, 히말라야 지역, 인도 등 10억의 인구가 대승의 불교를 따르고 있고, 불교가 유입된 지 얼마 안 된 미국에서도 오백만 명 정도의 신자들이 있다. 그러나 모든 존재가 행복하고 고통에서 자유롭게 되도록 돕기 위해 붓다가 되겠다는 다짐이 없다면 그는 대승의 신자라고 할 수 없다. 진정으로 대승의 불자가 되려면 평생 동안 사랑과 연민과 더불어 깨달음에 대한 결의를 단단히 해야 한다.

우리가 평생 동안 수행해야 하는 세 번째 힘은 초월의 힘이다. 초월이라는 것은 자신을 제약하던 무언가를 넘어선다는 뜻이다. 한평생 우리가 넘어서야 할 것은 자기를 특별하게 여기는 태도이다. 어떠한 상황이 닥쳐도 그것을 자기를 특별하게 여기는 태도를 초월하는 기회로 삼아야 한다. 자기를 특별히 여기는 태도는 모든 고통과 불행의 근원이라는 사실을 깨닫고 그것을 초월하려는 노력을 계속해야 한다. 내가 당신보다 더 중요하다, 내 기분이 더 중요하다, 내 행복이 당신의 행복보다 중요하다 등과 같은 태도는 우리 자신을 짓누르는 무거운 짐이다. 이러한 태도를 유지하는 한은 깨달음을 향한 우리의 수행은 별다른 진전을 이루지 못한다. 그래서 1대 달라이 라마는 이렇게 말씀했다.

— ***많은 사람들이 다르마를 듣기, 숙고하기, 명상하기(聞思修 다르마를 듣고 사색하고 수행하는 것)를 수행한다. 그렇지만 그들은 자기를 특별히 여기는 태도를 초월하는 것을 목표로 삼지 않는다. 그 때문***

에 다르마를 듣고 숙고하는 것은 그에게 일종의 지적인 작업이 되고 명상은 그저 편안하고 즐거운 경험으로 그치게 된다.

자기를 특별히 여기는 태도를 초월하지 않으면 아무리 높은 학식과 통찰력과 친절함을 가지고 있다 해도 무명, 정신적인 오류에 빠지게 된다. 자신보다 앞선 사람들에게는 질투를 느끼고, 자신보다 뒤진 사람들에게는 경멸을 느끼며, 같은 수준의 사람들에게는 경쟁심을 느낀다. 그런 이유 때문에 아무리 열심히 수행에 전념해도 해탈에 가까워지지 않는다. 이 같은 사람들은 자신이 다른 사람들과 다소 차이가 난다고 생각하게 된다. 그래서 가는 곳마다 대부분 환대를 받지 못하고, 누구와 함께 하던지 간에 악의와 갈등을 만나게 된다. 그렇기 때문에 자기를 특별히 여기는 태도를 극복하기 위한 초월의 힘을 기르기 위해 평생 노력해야 한다. 다른 로종 관련 책들 중에 '마음 훈련(로종) 8구절'이라는 내용이 있는데 다음과 같은 구절이 있다.

— 내가 어디에 가든지 내 자신을 그 방에서 가장 낮은 사람으로 여기도록 하소서. 그리고 다른 모든 사람을 받들도록 하소서.

실제로 이 같은 태도를 갖게 되면 사람들은 우리를 마음 깊이 존경하게 될 것이다. 우리가 편안하고 겸손하고 아름다우면 모든 사람이 친구가 되고자 한다. 14대 달라이 라마가 그 좋은 예라고 할 수 있다. 그는 어떤 사람과 함께 있든 상대를 최고로 높여 존중한다. 달라이 라마는 거의 모든 종류의 평화상을 수상한 유명하고 존경받는 인물이지만, 자신의 지위나 경력에 대해 그 어떤 자만이나 오만을 드러내 보인 적이 없다.

네 번째로 우리가 한평생 길러야 할 것은 친숙함의 힘이다. 그것은 살아가는 동안 가능하면 최대한 두 가지 보리심에 대해 명상하는 것이다. 다시 말해 친숙함의 힘은 상대적인 보리심과 궁극적인 보리심에 대해 명상을 자주 해서 그것을 하나의 습관으로 만드는 것이다. 매일 좌복(기도 방석)에 앉아 사랑과 자비, 보살의 정신에 관해 명상한다면 그것은 하나의 습관이 된다. 매일 공에 대한 명상을 하면 그 또한 습관이 된다. 좋은 결과를 얻기 위해서는 정신을 집중해서 꾸준히 수행해야 한다. 얼마나 오랫동안 명상을 하느냐는 중요하지 않다. 완전히 집중한 상태에서 십 분 동안 명상하는 것으로도 많은 이득을 볼 수 있다. 물론 하루에 여러 번, 더 많은 시간을 명상하는 편이 십분 간 명상하는 것보다 많은 이득을 얻을 수 있을 것이다. 그러나 아무리 긴 시간 동안 명상한다 해도 좌복에 앉자마자 졸거나 집중하지 않는다면 그것은 좋은 습관이 아니라 나쁜 결과를 가져오는 나쁜 습관을 쌓는 것이다.

티베트에는 마멋이라는 작은 포유류 동물이 사는데, 마머트(Cavia porcellus)는 뭔가 위험하다는 느낌을 받으면 그 자리에서 움직임을 멈추고 마치 명상하듯 부동자세를 취한다. 7대 달라이 라마는 좌복에 움직이지 않고 앉아 있지만 마음이 다른 곳에 가 있는 수행자들을 마머트에 비유했다. 명상은 양만큼이나 질이 중요하다. 친숙함의 힘은 두 가지 보리심에 대해 습관을 들이는 것이다. 자비와 공에 대한 통찰은 습관이 들수록 더욱 깊어진다. 자비와 공에 대한 명상이 익숙해지면 익숙해질수록 우리는 더 자연스럽게 자비를 실천하고 지혜를 쌓게 된다.

우리가 평생 동안 길러야 할 다섯 번째 힘은 발원의 힘이다. 이것은 두 가지 보리심이 약해지지 않고 점점 더 자라나게 해달라는 기도의 힘을 말한다. 시간이 지날수록 이 같은 발원을 더욱 강하게 키워야 한다. 1대 달라이 라마는 발원의 힘을 시로 아름답게 설명한 바 있다.

— 이번 생에서, 그리고 죽음에 이르렀을 때, 바르도의 상태에서, 다음 생에서, 내가 환생할 미래의 모든 삶에서 내 안에 두 가지 보리심의 힘이 약해지지 않고 점점 강해지게 하소서. 그 어떤 어려운 상황이나 고난을 만나도 내가 그것을 두 가지 보리심을 키우는 친구로 여기게 하소서. 내가 항상 이 지고의 길을 가르치는 대승의 스승과 함께할 수 있게 하소서.

다섯 힘을 통한 의식의 전이, 포와

궁극적인 보리심과 상대적인 보리심, 즉 지혜와 자비를 동시에 가지는 것이 가능할까? 논쟁의 여지가 있지만 우리는 이러한 의문을 던져볼 수 있다. 사물의 본성을 살펴보면 그것이 겉보기와는 다르다는 것을 알 수 있다. 만약 우리가 고통을 겪는 사람을 보면 그 고통으로부터 그를 구해주고 싶다는 자비를 느끼게 된다. 그러나 자비를 느끼는 대상이 과연 자신과 분리된 존재일까? 자비를 느끼는 대상은 사실 우리 자신과 분리된 독립된 존재가 아니다. 사실 주체와 대상과 행위는 서로의 작용 없이는 존재하지 않는다. 사랑과 연민, 즉 자비라는 느낌도 마찬가지이다. 또한 고통받는 대상에 대한 연민도 따로 존재하는 것이 아니다. 고통 역시 절대적이지 않다. 그것은 여러 원인과 조건에 의해 일어나기 때문에 공하다. 사랑과 연민을 느끼는 주체도 공하고, 사랑과 연민의 대상도 공하고, 사랑과 연민도 공하다. 그렇다면 누가 누구를 구할 수 있는 것일까? 고통조차 공하다면 모든 존재를 고통에서 구하겠다는 발원이 왜 필요한 것일까?

사실 궁극적인 보리심과 상대적인 보리심, 지혜와 자비를 동시에 가지는 것은 아주 힘든 일이다. 공에 대해 명상할 때는 존재들이 고통을 겪는 상대적 현실을 보기 힘들고, 상대적 현실 속에서 고통받는 존재들에 대한 사랑과 연민을 명상할 때는 절대적인 현실, 공을 보기가 힘들다. 그러나 수행이 상당히 진전되면 결국에는 궁극적 보리심과 상대적 보리심이라는 두 가지 진리가 하나의 맛이 된다는 것을 알게 된다. 이러한 경지에 이르기 전까지 상대적 보리심에 대해 명상할 때는 공에 대한 통찰을 잠시 접어두어야 한다. 가령 버스에 치인 개를 목격했다면 그런 상황에서 버스에 치인 개도, 그 개가 겪고 있는 고통도 공하다는 명상을 하는 것은 부적절하다. 그때 우리가 해야 할 것은 공에 대한 명상이 아니라, 상처 입은 개를 구해주기 위해 노력해야 한다.

— 의식의 전이(포와)에 대한 대승의 가르침은 이들 다섯 힘과 임종 시의 자세를 기반으로 한다.

우리는 우리가 살아 있는 동안 수행한 다섯 가지의 힘을 죽음이 다가왔을 때에도 적용할 수 있어야 한다. 불교와 다른 종교와의 큰 차이점은 죽음의 순간에 있다고 생각한다. 흔히 우리는 잠자는 동안에 죽으면 얼마나 좋을까라고 말하지만, 불교에서는 죽음의 순간에 전적으로 깨어있기를 바란다. 내 스승들 중에서 누구도 잠자는 동안 돌아가신 분은 없었다. 모든 분이 좌복에 앉아 명상 상태에서 마치 경주의 남산을 산책하듯 편안하고 행복하게 죽음을 맞이했다. 이처럼 다섯 가지 힘들을 평생 수행하면 죽음의 순간에도 그것을 적용할 수 있다. 이것을 로종 포와(Skt. saṃkrānti; Tib. ; Wyl. 'pho ba)라고 하는데, 마음 훈련을 통해 행복한 죽음을 맞이하는 방법이라고 할 수 있다. 티베트어로 포와는 '던진다'라는 뜻으로 위로 확 뿌린다는 의미가 있는데 다섯 가지 힘이 없다면 포와는 가능하지 않다.

우리는 죽은 후 바르도에 간다. 바르도는 죽음 이후 환생 전까지의 중간 단계이다. 바르도에서는 자신의 카르마가 외부 현상의 모습으로 나타나기 때문에 이 상태에서 평정을 유지하기란 어렵다. 여기서 평정을 잃으면, 우리는 다음 생에 무엇으로 태어나게 될지 알 수 없다. 포와는 이 같은 바르도 상태를 거치지 않고 우리의 의식연속체(마음의 흐름)를 새로운 몸으로 옮기는 것을 말한다. 가장 좋은 것은 이생에서 깨달음을 얻는 것이지만 불행히도 그렇지 못할 때 그다음으로 좋은 것은 죽음의 순간에 바르도를 거치지 않고 자신의 의식연속체(마음의 흐름)를 다른 몸으로 옮기는 것이다.

바즈라야나의 모든 법맥은 죽음의 순간 자신의 의식연속체를 전이시키는 방식에 대한 가르침을 가지고 있다. 티베트, 몽골, 히말라야의 라마들 대부분은 로종 측면에서가 아니라 탄트라 측면에서 포와 수행을 한다. 포와는 유명한 세 가지 시스템인 나로파의 6요가, 니구마의 6요가, 수카시디의 6요가에 모두 포함되어 있다. 이것은 로종 포와와는 다른 방식인데, 가령 니구마 시스템의 포와는 도교에서 '기'라고 부르는 에너지를 이용한다. 에너지를 참깨 씨앗 크기로 모아 척추의 끝에 둔 다음 그 지점에서 기를 단전 차크라, 가슴 차크라, 목 차크라, 머리 차크라로 끌어올린다. 그리고 다시 척추의 끝으로 보낸다.

죽음을 맞을 때 우리의 의식연속체는 정수리를 통해 몸에서 빠져 나오는데, 이때 자신의 머리 정수리에 하얀 여성 붓다가 있다고 관상한다. 그런 다음 마지막 숨이 나갈 때 우리의 의식을 이분의 자궁으로 보낸다. 그러면 바르도가 없는 상태에서 바로 환생을 한다. 이것이 탄트라 방식의 포와이다. 이러한 포와는 다섯 힘을 바탕으로 하기 때문에 그 힘을 기르지 못한다면 의식연속체가 바르도를 거치지 않고 바로 전이되는 포와는 불가능하다.

임종 시 다섯 힘을 수행하는 법

로종의 전통에서는 죽음이 다가오는 것을 알게 되면, 침대에서 일어나 좌복에 앉아 다섯 가지 힘들을 수행하라고 조언한다. 그러나 이때 다섯 힘을 기르는 방식은 살아있는 동안에 하는 방식과 그 순서와 내용 면에서 조금 다르다. 임종을 앞두고 수행해야 할 첫 번째 힘은 살아있을 때와 마찬가지로 하얀 씨앗의 힘이다. 이 힘은 모든 행위의 동기를 두 가지 보리심을 기르는데 두는 것으로 죽음을 맞이할 때도 중요하다. 얼마 남지 않은 시간 동안 우리는 자신의 삶을 정리해야 한다. 우선 자신이 가진 재산과 소유물을 정리하고 가족, 친구 등 어긋난 관계가 있다면 그 또한 정리하여 잘 마무리 짓도록 한다. 그리고 사는 동안 저지른 악행이 있다면 그것을 정화하는 수행을 하고 붓다, 다르마, 승단에 간절한 마음으로 귀의한다. 그런 다음 두 가지 보리심인 자비심과 공의 지혜에 대한 명상을 한다.

임종을 앞두고 두 번째 수행할 것은 발원의 힘이다. 살아있는 동안 모든 중생이 고통에서 자유로워지고 행복 속에 머물며 모든 중생의 이익을 위해 자신이 붓다의 경지에 이를 수 있기를 기도했다면, 임종 시에는 자신이 붓다가 될 때까지 바르도와 내생에서도 수행을 계속할 수 있게 해달라고 기도한다. 또한 우리는 세 번째로 초월의 힘을 일으켜야 한다. 자기를 특별히 여기는 태도를 초월하지 못하면 다음 생에도 그로 인한 좌절과 고통을 계속 겪게 될 수밖에 없다. 따라서 임종 시에는 자신의 몸과 마음에 대한 집착을 버리고 자신을 특별히 여기는 태도를 초월해야겠다고 다짐한다. 한편 네 번째 결심의 힘에 대해 1대 달라이 라마는 죽음을 앞두고 이 같은 결심을 하라고 당부했다.

— 지금부터 계속해서 나는 두 가지 보리심에 대해 명상할 것이다. 그러고 나서 바르도에서 나는 정광명을 깨달을 것이고, 붓다의 경지인 진리의 몸(법신)으로 변형시킬 것이고, 다른 이들의 이익을 위해 붓다의 지고한 형태인 몸(색신)의 모습으로 저절로 나투게 될 것이다.

법신, 보신, 화신을 삼신이라고 하는데 우리는 잠이 드는 순간과 죽음의 순간에 정광명(clear light)을 경험하게 된다. 이 정광명은 법신과 무척 유사하다. 꿈—몸의 정광명(clear light of the dream body)과 바르도—몸의 정광명(clear light of the bardo body)은 보신과 유사하며, 아침에 일어난 상태는 죽음 이후 다른 몸을 얻어 환생한 것과 같으므로 화신과 매우 유사하다고 할 수 있다.

죽음의 순간에 공에 대해 명상함으로써 몸의 에너지가 흡수되는 것을 관찰할 수 있다면, 우리는 마지막 숨을 쉰 이후 남성의 흰 방울과 여성의 붉은 방울이 합쳐져 정광명이 일어나는 것을 볼 수 있다. 그때 우리의 의식연속체(마음의 흐름)가 몸을 떠나지 않고 죽음의 순간 일어난 정광명을 유지할 수 있다면 법신의 마음 상태에 머물 수 있다. 티베트의 많은 라마들은 죽음의 순간 이러한 정광명 상태에서 며칠 혹은 몇 달씩 머물기도 한다. 이때 이들의 몸에서 호흡이나 심장박동은 없지만 사망 후 몸이 썩고

물이 빠져나오는 증상이 나타나지 않는다. 이 상태를 '죽음의 순간 정광명 유지하기'라고 한다. 내 스승들 중 주 스승인 캅제 링 도르제 창은 열반 시 3주 동안 이러한 정광명 상태에 머물렀다.

죽음이 임박했을 때 우리가 이 같은 정광명 상태에 머물고 법신과 색신을 성취하겠다고 강력하게 결심한다. 그러면 명상에 더욱 집중할 수 있게 된다. 만약 우리가 죽음의 순간에 정광명을 유지하는 데 실패해서 의식 연속체가 바르도로 간다 해도, 이러한 결심이 단단하다면 바르도 상태에서 다시 죽음의 순간의 정광명 상태로 쉽게 되돌아갈 수 있다. 그렇게 우리는 죽음의 순간에도 깨달음을 성취할 수 있다.

임종 시 다섯 번째로 길러야 할 힘은 친숙함의 힘이다. 죽음이 다가올 때 오른팔을 베고 오른 쪽으로 눕는다. 그리고 오른쪽 넷째 손가락으로 오른쪽 콧구멍을 눌러 막아 왼쪽 콧구멍으로만 숨을 쉬게 한다. 자신의 몸에 집착하거나 죽음이 다가오는 것을 두려워하지 말고, 그동안 세상 구경 즐겁게 하고 이제 고향집으로 돌아가게 되었다고 생각한다. 그리고 숨을 마시고 내쉬면서 통렌을 수행한다. 죽음도 태어남도 공하지만, 우리는 그것이 영속한다고 믿고 집착하여 고통을 느낀다. 이러한 무명 때문에 고통받는 존재들에게 자비심을 일으키고 통렌을 수행하는 것이다. 숨을 내쉬면서 모든 중생에게 기쁨과 행복을 보내고, 숨을 들이마시면서 그들의 모든 좌절과 아픔을 받아들인다고 상상한다. 그런 다음 세상과 이 세상의 모든 존재들이 녹아들어가는 것을 상상한 후 모든 현상이 왜 공한지, 어째서 태어남도 죽음도 공한지에 대해 명상한다. 말하자면 자비와 지혜가 결합된 명상 상태에서 죽음을 맞이하는 것이다.

그런 다음 포와를 수행한다.

임종 시 수행하는 친숙함의 힘은 죽음의 자세를 말한다. 사망 시에도 몸이 튼튼하여 꼿꼿이 앉아있을 수 있다면 이러한 자세로 명상하며 죽음을 맞이한다. 그러나 그렇지 못할 경우에는 '사자의 자세'로 알려진 붓다가 열반 시 취했던 오른쪽으로 돌려 눕는 자세를 한다. 꿈 요가를 할 경우에도 이 같은 자세를 취하는데, 마지막 숨이 왼쪽 콧구멍으로 나가도록 하기 위함이다. 죽음이 실제로 일어날 때는 보리심과 공성에 대해 명상해야 한다.

우리는 흔히 잠자는 동안 편하게 죽을 수 있길 바라지만, 불교에서 죽음에 대한 바람직한 태도는 이와는 정반대이다. 자신이 죽는다는 것을 자각하지 못하고 죽게 되면 문제가 발생한다. 죽음이 진행되는 동안 자신에게 무슨 일이 일어나는지 호기심을 가져야 한다. 만약 우리가 죽음의 전 과정을 완벽하게 알아차리고 명상 속에서 죽을 수 있다면 죽음은 아주 멋진 경험이 될 것이다. 7대 달라이 라마는 자신의 시에서 이렇게 말씀했다.

— ***살아 있는 동안 보살의 길을 걷고, 공에 대해 명상해서 두 가지 보리심의 성취를 이루면 죽음의 순간 정광명이 일어난다. 그것은 오랜 친구를 만나는 것과 같은 행복한 경험이다.***

불교에서는 살아있는 동안 최대한 할 수 있는 만큼 자신과 다른 이들에게 이익을 주기 위해 노력하라고 조언한다. 항상 행복하고 여유롭고 건강하게 지내며 다르마를 수행하도록 노력함으로써 자신을 이롭게 하고, 자비와 친절의 마음을 일으켜 다른 존재들을 이롭게 한다. 물론 살아가면서 어쩔 수 없이 상대방이 싫어하는 소리나 행동을 해야 할 때도 있다. 그럴 때는 상대에게 해를 주기 위해서가 아니라 교훈을 주기 위한 목적이어야 한다. 이 같은 삶을 꾸려간다면 죽음이 다가왔을 때 우리는 두려움 없이 죽음을 맞이하고 쉽게 다룰 수 있다.

6장

수행의 진전을 알리는 증표

다섯 번째 요점

수행이 진전될수록 달라지는 것들

— 모든 다르마는 하나의 주제로 압축된다.

깨달은 존재들의 가르침은 단 하나의 목적을 가진다. 그것은 모든 현상이 고정된 실체를 가지고 있지 않다는 것이다. 우리의 수행이 얼마나 성숙되고 있는지, 우리가 실제로 다르마를 수행하고 있는지를 측정하는 지표는 공에 대해 얼마만큼 깊이 이해하느냐에 달렸다. 좀 더 구체적으로 말하면 자아에 대한 집착(Skt. ātmagrāha; Tib. dak dzin)과 나를 특별히 여기는 태도(rang bces-par 'dzin-pa)로부터 얼마나 벗어났느냐 하는 것이다.

마음 훈련의 다섯 번째 요점은 수행의 진전을 측정하는 지표에 관한 것인데, 자아에 대한 집착과 자기를 특별히 여기는 태도가 약해졌다면 자신의 수행이 진전을 이루었다고 보아도 좋다. 수행이 진전되면 일상에서 화를 내는 일이 점차 없어지고, 자신에 대해 집착하지 않고 오만하지 않게 된다. 우리는 왕의 앞에서 화를 내지 않는다. 왕에게는 겸손하게 행동하며 존경을 표시한다. 그러나 자신이 상대보다 낫다고 생각할 때는 함부로 행동하고 화를 내기도 한다. 우리의 수행이 성숙해지면 자아에 대한 집착과 자신을 특별히 여기는 태도에서 벗어나게 되고 비로소 다른 존재들을 나와 똑같이 존중하게 된다.

— 두 목격자들 중에 더 중요한 것을 의지하라.

원문의 이 말은 남들을 속이지 말라는 뜻이다. 어떤 사람들은 내면에서 화가 나더라도 밖으로 표현하지는 않지만, 속으로는 어떻게 복수할지를 생각한다. 누군가 자신을 모욕하면 바로 반응하지 않고 뭔가 대응하거나 복수할 기회를 기다린다. 이 같은 사람은 남에게 모욕을 받았는데도 화를 내지 않으니 인내심이 강하고 매우 영적인 사람으로 보이지만 사실은 겉보기와 다르다. 자신의 영적인 진보를 측정할 때 우리는 다른 사람의 평가가 아니라 자신의 평가를 바탕으로 해야 한다. 원문에서 말하는 두 목격자는 자신의 영적인 진보를 평가하는 외부의 증인과 내면의 증인을 뜻한다. 두 목격자 중 우리는 내면의 증인과 그의 평가를 따라야 한다. 즉 우리 자신이 가장 좋은 증인인 것이다. 자신이 얼마나 영적인 성숙을 이루었는지를 알아보기 위해서 단지 자신이 얼마나 자아에 집착하는지, 얼마나 자기 자신을 특별히 여기는지를 살펴보면 된다.

— 마음이 항상 기쁨 속에 홀로 머문다.

수행에 있어 진정한 성숙의 표시는 자신의 내적 기쁨에 있다. 그 어떤 장애나 고통도 두 가지 보리심을 키우도록 돕는 친구로 여긴다면 우리는 항상 기쁨에 머물 수 있다. 사랑과 연민이라는 보살의 정신을 수행할수록 모든 것이 고정되어 있지 않다는 공의 지혜를 더불어 수행한다면 더 행복해진다. 달라이 라마는 우리의 마음이 얼마나 행복한지를 매달 측정해야 한다고 말씀한다. 우리는 수행할수록 행복해진다. 특히 공에 대한 명상은 무지를 없애는 힘이 있기 때문에 즉각적으로 화나 집착을 날려버린다. 분노와 집착으로부터 자유로워질수록 우리는 보다 더 행복해지고, 더욱 자유로워지고 여유로워진다. 그러나 우리가 뭔가에 집착하면 자유란 있을 수 없다. 마음이 항상 집착하는 대상에 매달려 있기 때문이다. 몽골에는 이런 속담이 있다. 낙타 한 마리에 집착하면 낙타 한 마리만큼의 두통을 앓지만, 낙타 백 마리에 집착하면 낙타 백 마리만큼의 두통을 앓게 된다.

내겐 부자인 미국인 친구들이 있는데, 한 친구는 상당히 돈이 많은데도 불구하고 자신을 위해 신선한 음식을 사는 것조차 아까워한다. 그녀에게 돈 쓴다는 것은 매우 두려운 일이기 때문이다. 반면 또 다른 친구는 자신의 시간과 자신이 가진 돈의 상당한 액수를 더 나은 세상을 만들기 위해 사용하고, 훗날 깨달음을 얻는데 도움이 될 수 있는 공덕을 쌓는데 쓰기도 한다. 불교에서는 돈이나 재산을 얼마나 많이 갖고 있는지 적게 갖고 있는지는 중요하지 않다. 중요한 것은 그것을 어떻게 사용하느냐이다. 낙타가 한 마리밖에 없는 사람도 자신이 가진 것을 즐겁게 쓸 수 있다면 행복한 삶을 사는 것이다. 그러나 백 마리 낙타를 가졌다 해도 그것을 잃을까 두려워하고 이기적으로 사용한다면 그는 불행한 삶을 사는 것이다.

영적 성취의 증표와 수행법

— 방심한 상태에서도 해낼 능력이 있다면 그것은 수행의 진전을 알리는 증표이다.

자신에게 어떤 문제가 닥칠지 예상할 수 있다면 우리는 그것에 대해 마음의 준비를 할 수 있다. 가령 옆집에 까다로운 사람이 이사 온다는 것을 안다면, 그가 소란스럽게 벽을 치고 새벽 3시까지 TV를 크게 틀더라도 동요하지 않겠다고 마음을 단단히 먹게 된다. 그러나 이와 달리 예상치 못한 공격이나 모욕, 비난과 재앙을 만났을 때는 당황하게 된다. 그래서 1대 달라이 라마는 예상치 못한 상황이 벌어져도 여전히 두 가지 보리심을 닦을 수 있다면, 수행이 진전된 표시로 볼 수 있다고 말씀했다.

— 어떤 수행이 진전되었는지 알고 싶다면 뒤집어서 살펴보라.

인간의 소중한 삶에 대한 명상이 얼마나 성공했는지를 알기 위해서는, 인간보다 더 높은 존재로 환생하기를 바라지 않고 이생에서 깨달음을 얻기 위해 얼마나 노력했는지를 살펴보면 된다. 무상함에 대한 명상이 얼마나 진보했는지를 알아보려면 이전보다 얼마나 사물에 덜 집착하는지를 보면 된다. 자비에 대한 명상이 얼마나 진전을 이루었는지를 알려면 이전보다 얼마나 화를 덜 내는지를 살펴보면 된다. 그리고 공에 대한 명상의 진보를 확인하는 방법은 얼마나 자신과 사물이 고정된 정체성이 없다는 것을 이해하는지, 또 그것에 집착하지 않는지를 보면 된다.

— 성취했다는 것을 알려주는 다섯 가지 큰 징조가 있다.

영적인 성취를 알려주는 다섯 가지 징조가 있는데, 첫 번째로 그는 위대한 보살이 된다. 수행 중에 그 어떤 장애나 고난을 만나더라도 그의 두 가지 보리심이 결코 약해지지 않는다. 두 번째로 그는 스스로를 다스릴 줄 아는(self discipline)는 스승이 된다. 왜냐하면 그는 카르마, 다시 말해 원인과 결과가 외부 현실에서 또는 마음속에서 어떻게 작동하는지를 알기 때문이다. 영적인 성취를 알려주는 세 번째 징조는 사소한 계율도 어기지 않고 지킨다는 것이다. 어떠한 고난이나 불쾌한 상황이 오더라도 그것을 견뎌낼 수 있는 인내심이 있는 금욕 수행자가 된다. 네 번째 징조로 몸과 마음을 다해 두 가지 보리심을 닦는데 전념하는 위대한 수행자가 된다. 그리고 다섯 번째로 그는 깨달음의 가르침을 전달하는 위대한 요기가 된다.

— 네 가지 수행법은 지고의 방편으로서 그 어떤 수행법보다 뛰어나다.

앞서 살펴본 다섯 가지의 위대한 성취를 얻기 위해 우리는 다음의 네 가지를 수행해야 한다.

첫 번째는 어떤 상황에서도 두 가지 보리심을 닦겠다고 결심하는 것이다. 어떤 장애와 곤란이 오더라도 오늘은 어제보다 더 정진하겠다는 결의를 다져야 한다. 그와 같은 결의를 실천에 옮기는 것이 두 번째 수행이다. 우리는 두 가지 보리심에 대해 명상하고 부정적인 카르마를 정화하고 공덕을 쌓는 일을 해야 한다.

세 번째는 행복을 바라는 마음을 좋은 카르마를 쌓는 계기로 삼는 것이다. 때때로 우리는 즐겁고 행복한 일을 경험한다. 그때 모든 존재도 우리처럼 행복을 바란다는 것을 기억하고, 지금 자신이 누리고 있는 행복을 그들에게 보낸다. 그런 후에 모든 존재가 행복한 상태에 있다고 상상한다. 행복을 바라는 마음이 생길 때, 그것을 행복의 원인인 좋은 카르마를 쌓는 계기로 삼아야 한다. 그렇게 우리는 긍정적인 카르마 에너지를 축적해야 한다.

네 번째로 해야 할 수행은 고통에서 벗어나고 싶다는 마음을 불행의 원인인 부정적인 카르마를 정화하는 계기로 삼아야 한다. 때때로 우리는 불행을 경험한다. 그럴 때면 그것이 자신만의 불행이라고 생각하지 않고 세상에 그러한 고통을 겪는 존재들이 많다는 것을 기억한다. 모든 존재가 자신처럼 고통을 원하지 않는다는 것을 기억하고, 자신이 모든 중생의 고통을 떠맡아 그들이 고통으로부터 풀려난다고 관상한다. 이처럼 행복을 바라고 고통에서 벗어나고 싶다는 마음을 긍정적인 카르마를 쌓고 부정적인 카르마를 정화하는 계기로 삼아야 한다.

7장

마음 훈련에 대한 지침

여섯 번째 요점

마음 훈련에서 중요한 세 가지

로종(마음 훈련)에서 지켜야 할 지침에 관한 내용이 여섯 번째 요점에 해당된다. 지침은 산스크리트어로는 삼마야(samaya), 티베트어로는 담식(Tib. Wyl. dam tshig)이라고 하는데 계율과는 조금 다른 의미가 있다. 살생하지 마라, 거짓말하지 마라, 도둑질하지 마라, 음행하지 마라, 중독되지 마라와 같은 5계와 다르며 스님들이 지켜야 하는 비구계와도 다르다. 이것은 계율보다는 느슨한데, 우리가 항상 보살의 정신을 유지할 수 있게 돕는 역할을 하고 보살의 정신을 잘못 적용해서 진흙탕을 만드는 일을 피하게 한다.

— ***항상 세 가지 일반적인 요점을 수행하라.***

원문에서 말하는 세 가지 일반적인 요점은 다음과 같다. 우선 첫 번째는 일반적인 로종의 논조를 부인하지 말라는 것이다. 가령 다른 불교 수행은 필요 없고 로종만 수행하겠다는 태도를 취하는 것은 일반적인 로종의 논조와는 어긋난다. 로종을 왜곡된 방식으로 사용하지 말라는 것이 두 번째 요점이다. 이는 로종의 가르침과 다른 가르침을 서로 모순되는 것으로 여기지 말라는 것이다. 로종을 수행한다고 해서 이전에 받은 5계나 비구계, 또는 탄트라 계율을 무시해도 좋다는 말이 아니다. 종종 사람들은 다르마의 작은 부분에 집착해 큰 그림을 보려 하지 않는다. 본질적인 측면에서 보면 로종의 가르침은 오계나 비구계, 탄트라 계율과 상충하지 않는다.

세 번째 요점은 로종을 편파적인 방식으로 사용하지 말라는 것인데,

편파적이지 말라는 것은 모두에게 평등한 태도를 가지라는 의미이다. 우리는 인간에게 가해지는 고통에게는 연민을 보이면서 동물에게 가해지는 고통에 대해서는 무심하기 쉽다. 지위가 높은 사람 앞에서는 공손하게 굴지만 그렇지 않은 사람에게는 함부로 대하기도 한다. 어떤 존재에게는 사랑을 느끼지만, 어떤 존재에게는 혐오감을 느낀다. 이처럼 마음은 쉽게 편파적이 되기 때문에 우리는 그렇지 않기 위해 노력해야 한다.

— 세 가지 줄어들지 않는 것들에 대해 명상하라.

이 원문에서 줄어들지 않는 것들이란 꺼질 줄 모르는 강력한 열정을 뜻한다. 우선은 스승과 강력하고 열정적인 관계를 맺는 것이고, 항상 열정적으로 기쁨 속에 머무르기 위해 노력해야 한다. 그리고 열정적으로 수행의 지침을 지켜야 한다. 한편 원문에서는 세 가지 어려운 수행에 관해 언급한다.

— 세 가지 어려운 수행을 계속하라.

세 가지 어려운 수행은 우리가 수행할 때 부딪히는 세 가지 어려움과 관련이 있다. 첫 번째 어려움은 번뇌가 일어났을 때 그것을 알아차리기가 어렵다는 것이다. 화가 나면 우리는 화가 났다는 것을 알아차리지 못한다. 화에 매몰되어 자신이 화가 났다는 것을 지각하지 못한다. 그것은 다른 번뇌들도 마찬가지이다. 두 번째 어려움은 번뇌가 일어났음을 알아차리더라도 그것을 잘라내는 수행을 하기가 어렵다는 것이고, 세 번째는 번뇌를 끊어내더라도 번뇌의 뿌리를 잘라버리기는 힘들다는 것이다. 번뇌를 잘라내도 일시적이 되기 쉽고 다시 일어나지 않는다는 보장이 없기 때문이다. 이 같은 세 가지 어려움을 극복하기 위해 우리는 친숙함의 힘을 사용해야 한다. 다시 말해 습관이 될 때까지 반복해서 수행할 수밖에 없다.

— 세 가지 중요한 원인들을 키워라.

세 가지 중요한 원인이란 깨달음을 얻는 데 필요한 중요한 조건을 뜻한다. 우선 다르마를 수행할 수 있는 인간의 몸을 얻는 것이다. 다르마를 수행할 수 있는 인간의 삶을 누린다는 것에 기뻐하고, 그러한 삶을 깨달음을 얻기 위한 수행을 하는 데 바치는 것이 중요하다. 그다음으로 중요한 조건은 자격을 갖춘 스승과 안정적인 관계를 맺는 것이다. 생존에 필요한 식량과 옷, 집 등과 같은 물질적인 측면을 갖추는 것도 중요한 조건이다. 이러한 세 가지 조건은 깨달음을 얻는 데 필요한 원인이 된다.

자신이 이 같은 깨달음의 조건들을 갖고 있다면 축하할 일이다. 깨달음을 얻기 위해 지금부터 그 조건들을 잘 활용하면 된다. 만약 깨달음의 조건을 갖추고 있지 못하더라도 실망할 필요는 없다. 자기 혼자만 그런 것은 아니라는 사실을 기억하고 깨달음의 조건을 갖추지 못한 존재들의 부정적인 카르마와 고통을 들이마시는 통렌 수행을 한다. 그리고 나를 비롯한 모든 존재가 깨달음의 조건을 모두 갖추게 된다고 상상한다.

— 세 가지 분리될 수 없는 것을 소유하라.

원문에는 세 가지 분리될 수 없는 것에 대해서도 언급했는데, 그 첫 번째는 절하기, 사찰 및 성지 방문하기 등과 같이 몸과 관련된 것을 말한다. 두 번째는 말과 관련 있는데, 경전을 외우고 만트라를 암송하는 것이다. 세 번째는 마음과 관련된 것으로 항상 두 가지 보리심을 실천하는 것이다. 이것들은 서로 분리될 수 없는 것으로 우리는 이 세 가지 모두를 실천해야 한다.

두 가지 사이에서 수행하기

— 약한 사지(四肢)에 대해 말하지 마라.

원문의 이 말은 결코 다른 사람의 잘못을 지적해서 상대를 화나게 하지 말라는 것이다. 고대 인도에서는 다른 사람의 약점에 대해 조롱하지 않는 전통이 있고, 티베트에서는 다른 사람의 영적 수준에 대해 언급하지 않는 전통이 있다. 설령 어떤 스님이 계를 잘 지키지 않는다는 것을 알게 되더라도 그것에 대해 말하지 않는다. 카담파 학파에서는 "다른 사람의 잘못을 보더라도 그에 대해 말하지 말라. 누군가의 잘못에 대해 말하고 싶다면 자신의 잘못에 대해서만 말하라"는 가르침이 전해져 내려온다.

— 다른 사람(의 잘못)에 대해 판단하지 마라.

우리는 다른 사람들의 잘못은 쉽게 발견하지만, 자신의 잘못에 대해서는 좀처럼 알아차리지 못한다. 물론 좋은 친구들을 곁에 두는 것은 중요하지만, 다른 사람들을 비판하거나 그들에 대한 부정적인 여론을 형성할 필요는 없다. 다른 사람의 잘못을 지적하는 일은 좋지 않은 결과를 가져온다. 그렇게 함으로써 좋은 에너지를 받을 수 있는 원천과 단절되고 낮은 환생의 씨앗을 심게 된다. 우연히 다른 사람의 단점을 보게 되더라도 그것을 자기 모습의 투영이라고 생각하고 그 사람에게는 흠이 없다고 생각해야 한다.

— 처음에도 끝에도 두 수행에 몰두하라.

원문의 이 내용은 하루를 시작하는 아침과 하루를 끝맺는 저녁에 두 가지 보리심을 수행하라는 뜻이다. 불교에서는 하루를 어떻게 시작하느냐에 따라 그날 전체가 영향을 받는다고 본다. 하루를 시작하기 전에 단 오 분이나 십 분만 보리심을 키우는 명상을 해도 그것은 그날 전체에 영향을 미친다. 하루를 마친 후에는 그날 일들을 돌이켜보는 명상을 한다. 그러면 마치 게임이 끝날 때 점수가 나오는 것처럼 그날 하루 자신의 행동에 대한 평가가 나올 것이다. 만약 자신이 잘못한 것이 있다면 정화를 한다. 오늘 하루 자기를 특별히 여기는 태도를 보이지 않았다면 의미 있는 하루를 보낸 셈이다. 소중한 인간의 삶을 낭비하지 않고 작은 진보를 이룬 것이다. 잠들기 전에 이 생애가 끝날 때까지, 그리고 그 이후의 삶에서도 자신이 항상 두 가지 보리심을 일으키는 수행을 할 수 있게 해달라고 기도하는 것도 잊지 않는다.

— 두 가지가 올라올 때 그 모두에 인내심을 가져라.

원문에서 말하는 두 가지란 좋은 일과 나쁜 일을 말한다. 말하자면 좋은 일이 일어나도 느긋한 마음을 유지하고, 나쁜 일이 생겨도 느긋한 마음을 유지하라는 뜻이다. 다른 사람들이 칭찬한다고 해서 우쭐해져서도 안 되고, 다른 사람들이 비난한다고 해서 의기소침해질 필요도 없다. 우리는 다른 사람의 반응이 아니라 그 일의 맥락을 이해해야 한다. 이와 관련된 7대 달라이 라마의 시가 있다.

—그대가 물조차 지나갈 수 없을 만큼 더없이 낮은 상태에 있을 때에도 아래를 내려다보면 더 나쁜 상황에 처한 사람들이 있네. 그대가 부와 권력을 지녀 오만하고 자신에 차있을 때에도 위를 올려다보면 그보다 더 나은 사람들이 있다네.

이 시를 좋아해서 나는 법문할 때 자주 인용하는데, 이처럼 우리는 좋은 일이 있을 때나 나쁜 일이 있을 때나 인내심과 평정심을 유지해야 한다.

—두 가지 모두 현존할 때 그 모두를 수용하라.

그러나 일상에서 이것을 실천하기는 쉽지 않을 것이다. 그럴 때는 통렌 수행을 한다. 좋은 일이 있거나 다른 사람의 칭찬을 받아 우쭐해진다면, 다른 사람들도 지금 내가 느끼는 이러한 우월감을 느낀다고 상상하며 숨을 들이마실 때 그들의 우월감을 받아들인다. 그리고 숨을 내쉴 때 그들에게 겸손함을 내보낸다. 나쁜 일을 겪거나 다른 사람의 비난을 받아 낙담했을 때에도 마찬가지로 통렌을 수행한다. 다른 사람들도 내가 느끼고 있는 절망감을 똑같이 갖고 있다고 상상하며 숨을 들이마실 때 그들의 절망감을 받아들이고 숨을 내쉴 때 그들에게 희망을 보낸다. 내가 겪는 일은 나만 겪는 일이 아니다. 수많은 존재들이 나와 같은 일들을 겪고 있다.

— 두 가지를 자기 생명처럼 보호하라.

이 원문에서 말하는 두 가지란 일반적인 다르마와 마음 훈련(로종)을 말한다. 일반적인 다르마 수행의 계율과 로종의 계율을 모두 지켜야 한다. 일반적인 다르마 수행의 계율은 두 가지로 나누어지는데, 그 하나는 두 가지 보리심을 키우겠다는 다짐이다. 다른 하나는 구루에 대한 계율인데, 그가 어떤 자격을 갖추었던지 상관없이 우리는 그에 대한 계율을 깨서는 안 된다. 만약 그렇게 되면 미래에 그 구루를 통해 깨달음을 얻지 못하므로 스승과 관련된 계율도 평생 동안 지켜야 한다. 한편 지금까지 살펴본 로종의 지침과 계율도 잘 지켜야 한다. 가령 다른 존재의 잘못에 대해 말하지 말아야 한다는 것은 매우 유용한 조언이라고 할 수 있다.

씹을 수 있는 만큼만 즐겁게

— 편파적이 되지 마라.

편애를 피하라는 말은 두 가지 맥락으로 해석할 수 있다. 하나는 수행에 대한 것이고, 다른 하나는 모든 존재를 대하는 태도와 관련이 있다. 수행의 맥락에서 보면 우리는 육바라밀 중 하나만이 아니라 모두를 수행해야 한다. 종종 재가 신도들은 절이나 스님들에게 보시하는 것으로 자신의 다르마 수행은 충분하다고 생각한다. 이와 반대로 자신은 다르마를 공부하고 수행하기 때문에 보시를 할 필요가 없다고 생각하기도 한다. 그러나 우리는 보시, 지계, 인욕, 정진, 선정, 지혜 바라밀을 모두 함께 수행해야 한다. 보시를 할 때도 지계, 인욕, 정진, 선정, 지혜를 더불어 수행해야 한다. 그렇지 않으면 그것은 제대로 된 보시 수행이 될 수 없다. 지계를 수행할 때도 마찬가지로 보시, 인욕, 정진, 선정, 지혜를 함께 수행해야 한다. 이것은 지혜와 방편 중 어느 한쪽에 치우치지 말라는 의미로도 볼 수 있다.

절대적인 진리의 입장에서 볼 때 가장 작은 입자 하나마저 정해진 바 없이 공하다. 그러나 상대적인 진리의 입장에서 볼 때 모든 현상들은 인과에 따라 일어났다가 사라진다. 우리는 한쪽을 강조한 나머지 다른 한쪽을 소홀히 하는 일이 없어야 한다. 궁극적으로 모든 것은 공하지만, 이와 동시에 상대적인 현상이 일어났다가 사라지는 인과의 이치를 깨우쳐야 한다. 다른 존재들과의 관계라는 맥락에서 볼 때 이것은 편애하지 말라는 뜻이다. 우리는 모든 존재들에게 애정을 가져야 한다. 의식의 수준이 높은 존재들뿐만 아니라, 낮은 존재에게도 애정을 가져야 한다. 우리는 모두에게 똑같은 존경을 보여야 한다.

—특별한 경우에도 항상 수행하라.

우리는 모든 존재를 대상으로 마음 훈련을 해야 한다. 그런데 다음 다섯 종류의 사람들은 원문에서 말하는 특별한 경우로 수행할 때 각별히 조심해야 할 필요가 있다. 가까운 동료들, 우리를 해치는 경쟁자들, 우리가 해를 끼치지 않는데도 우리를 해치는 사람들, 불쾌하거나 역겨운 사람들,

그리고 스승이나 부모처럼 많은 이익이 되는 사람들이 바로 그들이다. 앞의 네 종류 사람들을 대할 때 그들과의 관계에서 고통스러운 감정을 갖게 되면 마음 훈련이 잘못될 수 있다. 반면 부모와 스승처럼 우리에게 많은 이익을 주는 사람들은 우리가 조금만 잘못해도 무거운 카르마적 결과를 가져오게 된다. 이러한 다섯 종류의 사람들과의 관계에서 우리는 더욱 강도 높은 마음 훈련을 해야 한다. 결국 모든 사람을 존중해야 하며 누구에게나 두 가지 보리심을 가지고 대해야 한다는 뜻이기도 하다.

— 쉬운 수행부터 하라.

보통 사람들은 내가 다른 사람들의 고통과 부정적인 카르마를 짊어질 수 있을지, 그들에게 내 행복과 공덕을 줄 수 있을지에 대해 의심한다. 혹은 다른 사람들의 부정적인 카르마를 받아들이고 내 행복과 공덕을 그들에게 나누어 줌으로써 내 자신이 곤란에 빠지는 것은 아닌지 걱정한다. 그러나 이러한 의심과 걱정 때문에 의기소침해질 필요는 없다. 처음에는 통렌을 명상함으로써 자신의 관점을 변화시키는 것만으로 충분하다. 자기 자신이 감당할 수 있는 만큼만 짊어지는 것이 중요하다.

영어에서 "씹을 수 있는 것 이상으로 베어 물지 말라 (Don't bite off more than you can chew)"라는 말이 있다. 매년 많은 사람들이 입에 너무 많은 것을 집어넣어 제대로 씹지 못해 기도가 막혀 질식사한다. 다르마 수행도 이와 같다. 자신이 할 수 있는 이상으로 다르마를 수행하게 되면 그것을 싫어하게 된다. 따라서 즐겁게 다르마를 수행해야 한다. 물론 어떤 목적 때문에 스승이 제자에게 힘든 과제를 줄 때도 있다. 네팔에 있는 나의 제자는 빛도 없는 곳에서 사십구 일 동안 안거를 했다. 시계도 없었기 때문에 그는 하루가 지났는지 일주일이 지났는지 알 수도 없었다. 보통은 자신의 능력을 넘어서지 않는 선에서 편안하게 다르마 수행을 해야 하지만, 때로 스승이 특별한 과제를 줄 때에는 그것에 따라야 한다.

— 가장 거친 요소부터 정화하라.

원문의 이 말은 자신이 가진 가장 큰 약점부터 정화하라는 뜻이다. 쉽게 화를 내는 것이 가장 큰 문제라면 그것부터 정화한다. 집착이 강한 것이 가장 큰 문제라면 그것부터 해결한다. 예를 들어 자신의 가장 큰 단점이 다른 사람들에 대해 험담이나 비난을 하는 것이라고 생각된다면, 자신의 혀를 끈으로 묶어두고 험담이나 비난이 하고 싶어질 때면 그 끈을 잡아당기는 것이다.(웃음)

— 수행이 거칠어지는 것을 피하라.

영어에는 "비정해지지 마라, 그러나 단호하라(Don't be heartless, but be firm.)"라는 말이 있는데, 다른 사람에게는 냉혹하게 대하지 말고 자기 자신에게는 엄격하라는 뜻이다. 우리는 다른 존재들에게 지나치게 엄격해서는 안 된다. 그것은 현실적으로 상황을 더 나쁘게 만들뿐이다. 그러나 모든 고통의 뿌리인, 자기 자신을 특별히 여기는 태도에 대해서만큼은 엄격해져야 한다.

— 독이 섞인 음식을 피하라.

유익한 음식은 우리의 몸과 삶을 지탱해준다. 그러나 독이 들어간 음식은 우리의 생명까지 잃게 만든다. 깨달음이 아닌 다른 목적으로 다르마를 수행하면 그 어떤 영적 이익도 얻을 수 없다. 예를 들어 내가 어렸을 때 우리 가족은 모두 기독교 신자였는데, 교회를 가는 젊은 남자들의 대부분의 목적은 여자를 만나는 것이었다. 나 역시 교회를 다닌 덕분에 데이트를 할 수 있었지만, 영적인 성장을 이룰 수는 없었다.(웃음)

실용적이고 내적인 지침들

— 편한 치유법에 의지하지 마라.

이 말은 상대하기 편하고 쉬운 사람들을 상대로 마음 훈련(로종)을 수행하지 말고, 상대하기 어렵고 자신에게 해롭거나 불쾌한 사람들을 대상으로 수행하고 자비심을 유지하라는 뜻이다.

— 복수를 계획하지 마라.

마음 훈련은 외부 세계를 다스리기 위한 훈련이 아니라 자신의 내면을 다스리는 훈련이다. 물론 살아가는 동안 우리는 우리를 힘들게 하거나 해치려는 사람을 만나게 된다. 그럴 경우 상대에게 버럭 화를 내거나 소리치거나 폭력을 행하지 않고 무사히 넘겼다고 할지라도 그때의 좌절감과 화는 무의식 속에 남게 된다. 시간이 지난 후 좌복에 앉아 마음을 살펴보면 몇 년이 지났음에도 당시의 분노와 좌절감이 사라지지 않고 남아있는 것을 보게 된다. 그리고 그 기억이 떠오를 때마다 복수를 계획하는 자신을 발견하게 된다. 우리는 이러한 마음의 앙금을 잘라 버려야 한다. 이것과 관련해서 선가에서는 다음과 같은 이야기가 전해 내려온다.

스승과 제자가 함께 길을 가다가 물이 불어 강을 건너지 못하는 젊은 여자를 우연히 만났다. 스승은 승려가 여자와 접촉해서는 안 된다는 계율을 깨고 그 여자를 업고 강을 건넜다. 그런 일이 있은 후 제자는 며칠 동안 고민하게 된다. 아무리 남을 돕기 위해서라지만 승려가 계율을 어긴 것이 과연 옳은지에 대해 고민하다가 마침내 그 문제를 스승에게 털어 놓았더니 스승은 이렇게 말했다. "나는 잠시 동안 젊은 여자를 업고 있었지만, 너는 며칠 동안 품고 있었구나."

우리는 간혹 다른 사람이 잠깐 동안 자신을 불편하게 만든 일 때문에도 몇 날 또는 몇 주 동안 화를 풀지 못하고 앙심을 품기도 한다. 그럴 바에는 상대가 자신을 괴롭힌 순간 주먹으로 코를 갈겨주는 편이 부정적인 카르마를 덜 쌓는 일이 될 것이다.(웃음) 마음을 훈련한다는 것은 이러한 마음의 패턴을 끊는 것이다. 이를 위해 우리는 세 가지 어려운 수행을 해야 한다. 복수심이 일어나는 것을 알아차리고, 그것을 잘라버리고, 그 복수심의 근원을 끊어버려야 한다.

— *교활하게 굴지 마라.*

이 구절은 종종 다른 로종 판본에서는 생략되기도 한다. 여기의 로종 판본은 69개의 격언으로 구성되어 있지만, 어떤 로종 판본은 65개의 격언으로 구성되어 있다. 짧은 판본에서 생략된 네 개의 격언 중 하나가 바로 이 구절인데, 다른 사람을 자신의 목적을 위해 조정하지 말라는 뜻을 담고 있다. 다른 사람이 자신이 원하는 것을 가지고 있다 해도 속임수를 써서 그것을 얻으려고 하지 말아야 한다.

— 야크의 짐을 조(dzo)에게 싣지 마라.

이 지침은 서양 사람들이 좋아하는데, 굉장히 중요한 계율이라고 할 수 있다. 조는 소와 야크를 교배해서 태어난 동물로 야크보다 작고 힘도 약하다. 이러한 조에게 야크의 짐을 실으면 어떻게 될까? 이 말인즉슨 우리가 사랑과 연민을 수행할 때 자신의 한계를 깨달아야 한다는 것이다. 샨티데바는 입보리행론에서 보시 바라밀이 가난한 사람에게 자신이 가진 것을 모두 주는 것이 아니라고 말한다. 수행할 때 자신에게 필요한 것마저 가난한 사람에게 주고 나면 수행을 할 수 없고 깨달음을 얻을 수도 없다. 보시 바라밀은 항상 다른 존재를 돕고자 하는 너그러운 마음이다. 다시 말해 자신의 능력에 따라 자비를 실천하는 것을 뜻한다. 자신의 능력을 넘어서 보시하게 되면, 그것은 야크의 짐을 조에게 싣는 것과 같다.

자신을 특별히 여기는 태도를 다른 존재들을 소중히 여기는 태도로 바꾸는 명상을 하려면, 우선 자신이 다른 존재들에게 이익을 줄 수 있는 강하고 성공한 존재가 되어야 한다. 누군가를 돕는 데에도 중도가 필요하다. 가령 달라이 라마가 중생들을 돕기 위해 자신의 장기를 모두 기증한다면 어떻게 될 것인가? 그는 더 이상 다르마를 가르칠 수 없을 것이다.

— (남들이) 슬퍼할 때 기뻐하지 마라.

만약 우리가 싫어하는 사람에게 나쁜 일이 생겼다면 그것에 대해 기뻐해서는 안 된다. 다른 사람들의 고통에서 기쁨을 얻어서는 안 된다. 설령 인류를 위협하는 독재자가 죽었다고 하더라도 마찬가지이다. 그를 위해 '옴 마니 반메 훔'을 염송하며 그가 다음 생애는 더 나은 사람으로 환생할 수 있기를 염원해야 한다. 그리고 그렇게 되는 것에 기뻐해야 한다.

— 잘못된 방식으로 치료법을 쓰지 마라.

로종에서는 어려운 상황을 수행의 친구로 여긴다. 티베트 사람들은 병이 들면 스님이나 무당을 찾아가 치료를 부탁한다. 그러나 로종에서는 작은 신체적 질병 또한 수행의 방편으로 이용하라고 조언한다. 사실 현대의학에서는 많은 병들 중 단지 5퍼센트만이 치료가 필요하다고 본다. 나머지는 자연치유가 가능하기 때문이다. 만약 몸이 아프면 당황하지 말고 통렌을 수행한다. 많은 사람들이 자신처럼 병으로 고통받고 있다는 것을 기억하고 호흡과 함께 그들의 고통을 받아들이고 다시 호흡과 함께 그들에게 치유의 빛의(을) 보낸다.

— 잘못된 태도를 피하라.

원문에서의 잘못된 태도란 다음과 같은 여섯 가지 태도를 말한다. 첫 번째는 자신의 에너지를 다르마 수행이 아닌 세속적인 성공을 위해 쓰는 것이고, 두 번째는 어려움을 인내하지 않고 잘못된 것을 두고 보는 것이다. 가령 경쟁자를 이기기 위해 친구의 고통을 두고 보는 것은 잘못된 태도이다. 세 번째는 잘못된 취향으로, 다르마를 듣고 생각하고 수행하기보다 세속적인 활동에 더 관심을 갖는 것을 말한다. 네 번째는 잘못된 자비이다. 가령 수행자들이 적절한 음식이나 거처가 없는 것에만 자비심을 느끼는 게 아니라, 잘못된 행동으로 성공한 사람에게도 자비심을 느껴야 한다. 우리는 잘못된 행동으로 인해 그들이 겪게 될 고통에 대해서도 자비심을 느껴야 한다.

다섯 번째는 잘못된 격려인데, 사람들로 하여금 영적 수행을 하도록 격려하지 않고 세속적인 성공을 위해 노력하라고 격려하는 것을 말한다. 여섯 번째는 잘못된 즐거움이다. 이것은 다른 사람의 영적인 선함을 기뻐하지 않고 자신에게 해를 입힌 사람들이 겪는 불행을 즐거워하는 태도를 말한다. 한편 공개적인 장소에서 다른 사람의 잘못이나 결점에 대해 말하는 것 또한 잘못된 태도이다.

— 약점을 놀리지 마라.
— 신을 악마로 만들지 마라.

다르마 수행을 자신의 깨달음을 위해 사용하는 것이 아닌 세속적인 이유로 사용하는 것은 신을 악마로 만드는 태도이다. 우리는 세속적인 이익을 위해 영적 수행을 이용해서는 안 된다. 세속적인 이익을 위해 로종을 수행한다면, 자기를 특별히 여기는 태도를 없애는 것이 아니라 더욱 키우는 것이 될 것이다.

— 한결 같아라.

원문의 이 말은 수행의 맥락과 대인관계의 맥락에서 모두 생각해 볼 수 있다. 수행의 맥락에서 볼 때는 꾸준히 수행하라는 의미이다. 14대 달라이 라마는 마음은 습관의 산물이라는 말씀을 하곤 한다. 우리가 자주 친절을 베풀면 우리는 친절한 사람이 되지만, 자주 화를 내면 우린 성난 사람이 된다. 수행도 이와 같다. 꾸준히 수행하다 보면 수행은 우리의 일부가 된다. 따라서 매일 조금씩이라도 꾸준히 수행을 유지하는 것이 중요하다. 명상과 명상 사이, 다시 말해 명상을 하지 않는 일상생활에서도 우리는 명상 중에 길렀던 자질인 사랑과 자비, 공성의 지혜를 실천해야 한다. 한편 인간관계의 맥락에서 보면 이 말은 자신에게 잘해 준 사람이나 잘못한 사람이나 상관없이 상대를 한결같이 대하라는 뜻이다.

우리는 다른 사람들의 행동을 조정할 수 없다. 그들이 아무리 무례하게 굴더라도 편안한 마음으로 즐겁게 그들을 존중해야 한다. 그 좋은 예로 네팔의 코판 사원의 주지였던 라마 룬드룹 리셀(Lhundrup Rigsel)을 들 수 있다. 그는 자신의 주변 사람들이 어떤 행동을 하던지 간에 항상 평화로운 마음과 미소로 그들을 대했다. 그는 유명한 라마가 아니었다. 라마 조파처럼 환생한 툴쿠도 아니었고 라마 예세처럼 코판 사원의 건립자도 아니었지만, 그는 진정한 로종의 수행자였다. 다른 사람들이 자신을 존경하던 말든, 평안한 상황에 있든 불편한 상황에 있든, 또 건강할 때나 그렇지 않을 때나 그는 즐거운 미소를 띠며 모든 사람에게 큰 존경을 표했다. 우리는 이러한 태도를 배워야 한다. 다른 사람들이 자신에게 무례하게 굴든 친절하게 대하던 그들에게 같은 태도를 유지해야 한다.

— 치우치지 마라.
— 몸체와 팔다리를 함께 단련하라.

치우치지 말라는 것은 편파적이 되지 말라는 의미로 이전 내용과 중복되기 때문에 다른 판본에서는 종종 생략된다. 그다음 말은 주 수행과 부수적인 수행을 함께 수행하라는 뜻이다. 가령 우리가 상대적인 보리심을 기르는 통렌 수행을 한다면, 그것은 몸체 다시 말해 주 수행이 된다. 그런데 통렌을 수행하기 전에 우리는 삼귀의와 발보심을 하고, 수행이 끝나면 회향 기도를 올린다. 이때 삼귀의와 발보리심, 회향기도는 팔과 다리, 즉 부수적인 수행이 된다. 또한 공성 명상이 몸체가 될 때도 마찬가지이다. 그것과 더불어 팔다리에 해당하는 육바라밀과 발보리심과 같은 다른 수행을 곁들이는 것이다.

— 대상에 대해 편견을 갖지 않도록 훈련하라. 모든 것을 감싸고 진심으로 모두를 아껴라.

우리는 생명을 가진 존재들에 의해 생기는 장애나 생명 없는 물질에 의해 생기는 도전을 두려워하지 않고 어떤 상황에서나 로종을 수행해야 한다. 1대 달라이 라마는 이를 두고 창 위에 떠다니는 보리처럼 우리 수행도 겉돌아서는 안 된다고 조언했다. 티베트에서는 보리를 가지고 창이라는 술을 만드는데, 술이 잘 익지 않으면 보리가 창 위를 떠돌아다니기 때문에 그것에 비유한 것이다. 즉 우리는 그와 같은 수행을 해서는 안 된다. 우리 가슴 깊은 곳에 다른 존재들에 대한 사랑과 존경을 진심으로 가져야 한다.

지금까지 살펴본 대로 로종의 지침들은 대단히 실용적인 동시에 내적이다. 이 지침들은 모두 외부 행실에 대해서가 아닌 내면의 태도에 대해 조언하고 있다. 다시 말해 다른 존재들이 행복하기를 바라는 사랑, 다른 존재들이 고통에서 자유로워지기를 바라는 연민, 즉 보리심을 유지시키기 위해 만들어진 계율이다.

8장

대승의 마음 훈련에 대한 일반적 조언

일곱 번째 요점

모든 것이 수행의 방편

여섯 번째 요점의 격언들이 마음을 훈련하는 데 필요한 일반적인 지침이라면, 일곱 번째 요점은 보다 구체적인 상황에 대한 조언이다. 앞서 설명한대로 마음 훈련의 일곱 요점을 편집한 라마들에 따라 격언들의 숫자와 순서는 달라진다.

— 한 가지 태도로 모든 수행에 임하라.

탄트라 수행자들은 씻기, 먹기, 잠자기 등 모든 행동을 수행의 방편으로 사용하기 때문에 모든 행위는 탄트라 수행이 될 수 있다. 탄트라 수행에서는 자신을 만다라의 신(본존)으로 상상하고 일어나는 모든 행위를 탄트라 극장에서 상영되는 연극으로 본다. 이와 마찬가지로 로종을 수행할 때 수행자들은 모든 행동을 두 가지 보리심을 일으키는 수행으로 변화시킨다. 다시 말해 궁극적인 보리심과 상대적인 보리심을 모든 존재에 대한 사랑과 연민을 키우는 수단으로 삼는다. 한편 다음 구절은 어떤 고통이나 부정적인 감정이 일어나더라도 그것을 한 가지 해결책, 즉 보리심을 키우는 수단으로 이용하라는 뜻이다.

— 한 가지 태도로 모든 치료약을 사용하라.
— 앙심을 품지 마라.

이 구절은 여섯 번째 요점에서 복수를 계획하지 말라는 내용과 중복되기 때문에 다른 판본에서는 생략되기도 한다. 앞서 말했듯 우리는 다른 사람들에 대한 복수심을 품지 않기 위해 항상 자신을 관찰해야 한다. 이것은 단순한 수행이지만 동시에 매우 중요한 수행이다.

— 오만하게 대응하지 말라.

원문에서의 오만이라는 말은 우월감과 공격성을 뜻한다. 사실 무례하고 공격적인 행동은 상대를 얕잡아 볼 때, 즉 자신이 상대보다 우월하다고 여길 때 나온다. 이 구절은 우리가 상대하기 어려운 존재들을 만났을 때 어떻게 해야 하는지를 보여주기도 한다. 살아가는 동안 우리는 언제든 부정적인 사람들을 만날 수 있다. 가정에서 직장에서 동네에서 심지어 상가 안에서도 우리를 힘들게 하는 사람들을 만나게 된다. 그들을 피할 방법은 없다. 카담파 학파에서는 다른 사람들이 우리를 힘들게 하거나 심한 말을 할 때에도 항상 상냥하게 응대하라고 조언한다. 이 말은 다른 사람의 부정적인 행동에 과민하게 대응하지 말라는 의미가 있다.

— 칭찬받기를 바라지 마라.

우리의 근본적인 갈망 중 하나는 다른 사람들의 인정을 바라는 것이다. 우리가 베푼 친절에 대해 보상이나 대가를 바라지 않을 때에도 그것에 대해 인정받고 칭찬받기를 원한다. 그리고 사람들이 그 기대에 부응하지 않을 때 낙담하게 된다. 우리가 좋은 일을 할 때 사람들이 여러 번 칭찬해 주었더라도 한두 번 무시하거나 인정해 주지 않으면, 우리는 좋은 일을 하던 나쁜 일을 하던 아무런 차이가 없다고 낙심하곤 한다. 우리는 이처럼 인정받고 싶다는 욕망에 지배되어서는 안 된다. 숲속을 걷는 코끼리처럼 두려움도 없이 기대도 없이 나가야 한다. 사람들의 인정을 받지 못할 것이라는 두려움도, 사람들의 칭찬을 얻게 될 것이라는 기대도 없이 자신의 길을 가야 한다.

— 허영에 익숙해지지 마라.

티베트어로 '곰'이라는 단어는 '익숙해지다'와 '명상하다'라는 뜻을 동시에 가지고 있다. 티베트와 인도에서는 어떤 대상에 마음을 두는 것을 명상이라고 한다. 그런 의미에서 보면 어떤 대상에 대해 집중적으로 생각하는 것은 그 대상을 명상하는 것이라고 할 수 있다. 그렇다면 허영에 대해 명상하거나 익숙해지지 말라는 것은 마음을 허영에 두지 말라는 의미이다. 다시 말해 마음이 허영에 빠지지 않게 하라는 뜻이다. 허영은 다른 사람들의 인정과 칭찬을 바라는 성향, 자신이 남보다 중요하다는 자기애적인 성향을 뜻한다. 그런 면에서 허영에 익숙해지지 말라는 것은 앞서 칭찬받기를 바라지 말라는 구절과 의미가 비슷하다.

어떤 조건도 상관없이

— 일어나는 일들에 따라 명상하라.

우리는 흔히 명상을 하기 위해서는 스님들처럼 세속에서 멀리 떨어진 한적한 곳을 찾아가야 한다고 생각한다. 아름답고 조용한 곳에서는 수행하기가 쉽지만, 복닥거리고 소란스럽고 지저분한 곳에서는 수행하기 어렵다고 생각한다. 그러나 현실적으로 우리는 아름답고 조용한 곳에만 계속 머물 수 없다. 예를 들어 티베트 사람들은 과거 수 세기 동안 한적하고 조용한 티베트에서 수행을 하며 살았다. 그런데 중국의 침략을 받게 되면서 전혀 달라진 현실에 부딪쳤다. 그들은 수행하기 어려운 상황에 처하게 된 것이다. 탄트라에서는 어떤 상황에서나 수행을 할 것을 강조한다. 그것은 로종에서도 마찬가지이다. 그 어떤 상황이나 어려움 속에서도 수행을 통해 두 가지 보리심을 키워야 된다고 조언한다.

— 외적 조건들에 의지하지 마라.

많은 사람이 행복하기 위해서는 외적인 조건들이 충족되어야 한다고 생각한다. 몸이 건강해야 하고 살 집과 돈이 있어야 한다고 생각한다. 그러나 행복은 우리의 영적인 안정성(spiritual dependency)에서 비롯되는 것이지 외적 조건에서 비롯되는 것이 아니다. 그렇기 때문에 외적 상황이 얼마나 좋은가, 얼마나 나쁜가 하는 것은 큰 문제가 못 된다. 중요한 것은 바로 내적인 상태이므로 우리는 즐겁게 마음을 두 가지 보리심에 두어야 한다.

— 변명을 삼가라.

사람들은 자신에게 충분히 화낼 이유가 있기 때문에 화를 낸다고 생각한다. 상대가 이러저러한 잘못을 했기에 자신이 화를 낼 수밖에 없다고 이유를 설명한다. 그러나 그것은 자신이 다른 존재들에 대한 연민과 존경심을 키우지 않았다는 것을 보여주는 변명에 지나지 않는다. 상대가 그 어떤 행동이나 말을 했던지 간에 우리는 그와 상관없이 두 가지 보리심을 수행해야 한다. 그 어떤 존재도 연민과 존경의 대상이 될 수 없다고 생각해서는 안 된다. 누군가 자신을 아무리 힘들게 할지라도 마음속으로 그를 좋게 생각해야 한다. 그렇다고 그 사람과 함께 시간을 보내야 한다는 것은 아니다. 다만 그에 대한 사랑과 연민을 가지면 된다. 사랑과 연민을 잃게 되면 우리는 보살이 아닌, 그냥 평범한 사람이 되고 만다.

— ***통찰과 분석을 통해 깊이 숙고하라.***

이 원문에서의 통찰(insight)은 알아차림, 분석은 깊이 생각하는 것을 뜻한다. 통찰은 자신 안에서 무엇이 일어났는지를 아는 것이고 분석은 그것을 다루는 방법을 찾는 것이다. 이것이 무엇인가(what is this)라는 질문이 통찰과 관련 있다면, 분석은 그것을 어떻게 치유할 것인가(how can I heal it)라는 질문과 관련이 있다. 어떤 상황을 예로 들자면, 통찰은 자신 안에서 부정적인 감정(번뇌)이 일어나는 것을 알아차리는 것이고, 분석은 그것을 어떻게 치유할 것인지에 대한 해결책을 찾는 것이다.

자신의 마음속에 번뇌가 일어난 것을 모른다면 그 번뇌를 해결할 방법을 찾을 수 없다. 또한 그 번뇌를 끊을 치유법에 대해 깊이 숙고하지 않는다면 그 번뇌에서 자유로워질 수 없다. 가령 우울증이라는 번뇌가 생겼다면, 우리는 먼저 그것을 알아차리고 그 번뇌를 치유할 방법을 찾아야 한다. 통찰을 통해 자신이 우울하다는 것을 알아차린 다음에는 자신이 우울한 이유를 분석한다. 분석을 통해 가령 자신의 반려견이 죽었다는 사실이 자꾸 떠오른 것이 그 원인임을 알았다면, 우울증을 치료하기 위해서는 죽은 반려견에 대한 생각을 줄이는 대신 즐거운 생각들을 떠올리려고 노력한다. 혹은 모든 생명은 죽게 마련이야, 내 개가 죽어 다음 생에는 인간의 몸을 입고 보살이 될지 누가 알아, 하는 식으로 생각한다면 자신을 위해서나 반려견을 위해서나 도움이 될 것이다.

— ***확신을 가지고 수행하라.***

원문에서 말하는 확신은 어떤 것일까? 우리는 로종을 수행하면서 자신이 매 순간 수행에 성공했다고 느껴야 한다. 그것은 우리가 하루아침에 깨달음을 얻을 수 있다는 확신이 아니라, 로종 수행이 효과가 있다는 믿음이다. 말하자면 자신이 조금씩 나아지고 있다는 확신을 말한다. 우울증을 예로 든다면, 우리는 즐겁고 긍정적인 생각이 우울증의 치료약이라는 것을 이해하고, 그 치료 방법을 실천하기 위해 의도적으로 좋은 생각을 떠올린다. 깨달음을 얻을 수 있는 불성의 잠재력을 가지고 있다는 것에 대해, 불법을 배우고 보살행을 하는 것이 얼마나 큰 공덕인가에 대해, 모든 존재가 이루어놓은 선함에 대해, 그리고 자신이 했던 모든 좋은 일에 대해, 자신의 인생이 얼마나 멋진가에 대해 생각한다. 이때 우리는 마치 권투선수가 주먹을 날릴 때 그의 주먹이 상대에게 타격을 줄 것이라고 믿듯, 이 같은 생각의 치료법이 효과가 있을 것이라고 믿어야 한다. 이러한 확신은 중요하다. 확신이 크면 클수록 수행이 더 강력해지기 때문이다. 확신을 가지고 수행할 때 수행의 진전도 더 빨라진다.

보살의 갑옷을 입고

— 지금 이 순간에 가장 중요한 것을 해라.

우리에게는 살아가는 동안 부여되는 수많은 책임들이 있다. 몸에 좋은 음식들을 먹고, 단정한 옷을 입어야 하며 다른 사람들에게 상처주지 않도록 적절한 말을 해야 한다. 우리의 삶을 성공적으로 이끌기 위해서는 그래야 한다. 그러나 수많은 책임들 중에 우선적인 것이 있다. 탄트라에서 가장 우선시되는 것은 항상 공에 대한 관점을 유지하는 것이다. 로종에서 가장 우선시 되는 것은 두 보리심을 수행하는 것이다.

우리가 행하는 그 어떤 행동보다도 두 가지 보리심을 수행하는 것이 중요하다. 우리가 몇 분 동안 두 보리심에 대해 명상하는 것이, 모든 존재들에게 음식을 공양하는 것보다 공덕이 크다. 진정한 보리심의 동기 없이 음식을 공양하는 것은 깨달음을 얻는 데 직접적인 도움이 되지 않는다. 아마도 모든 존재에게 음식을 공양한 공덕으로 천신계에 태어나 커다란 즐거움을 누릴지는 모른다. 그러나 쌓아놓은 공덕이 모두 사라지면, 그는 자신이 가지고 있는 자아에 대한 집착과 자신을 특별히 여기는 태도 때문에 탐, 진, 치로 가득한 낮은 차원으로 다시 태어나게 된다.

— *가장 의미 있는 것을 하라.*

이 원문과 관련된 적절한 일화가 있다. 어느 날 한 사람이 탑 주위를 돌고 있을 때, 라마 드롬 톰파(Drom tompa)가 그 사람에게 와서 말했다. "왜 수행을 하지 않고 시간 낭비를 하느냐?" 그 말을 들은 그는 탑 주위를 도는 것을 그만두고 경전을 읽기 시작했다. 그러자 다시 드롬 톰파가 그에게 "왜 수행은 하지 않고 시간 낭비를 하느냐?"라고 말했다. 그 말을 듣고 그는 경전을 읽는 대신 만달라 공양을 올렸다. 그러자 이번에도 라마 드룸 톰파가 와서 "왜 수행은 하지 않고 시간 낭비를 하느냐?"라고 말했다. 그래서 그는 만달라 공양을 올리는 대신 명상을 했다. 그런데도 라마 드롬 톰파가 그에게 똑같은 말을 하자, 그는 왜 자신이 하는 모든 수행을 시간 낭비라고 하느냐고 물었다. 그것에 대해 라마 드롬 톰파는 보리심을 키우지 않는 것은 수행이 아니라고 답했다. 이 같은 일화를 통해서도 강조하듯 수행의 핵심은 두 가지 보리심을 키우는 것이다. 다르마를 듣고 생각하고 명상하는 것도, 절을 짓고 불상과 탱화를 세우는 것도 항상 영적으로 유익한 것은 아니다. 이 모든 일도 보리심을 가지고 행할 때에만 의미를 가진다.

— ***결과를 바라지 마라.***

이것은 너무 지나치게 수행의 진전을 기뻐하지 말라는 뜻이다. 로종을 수행하면 좋은 결과들이 많이 나타나지만, 우리는 이러한 결과에 신경을 쓰기보다 묵묵히 계속 수행을 해나가야 한다. 이 구절은 의미상으로 칭찬받기를 바라지 마라는 구절과 중복되기 때문에 다른 판본에서는 생략되기도 한다.

— ***항상 보살의 갑옷으로 무장하라.***

탄트라 수행에서는 바즈라 갑옷을 입는다. 바즈라 갑옷을 입는다는 것은, 이를테면 푸른 색 '훔'자와 같은 만트라 음절을 우리 몸의 모든 구멍에 놓는 것이다. 이때 우리 몸의 안쪽이 지혜의 빛으로 채워진다. 그렇게 함으로써 우리가 갖고 있는 모든 질병과 우리를 해치는 모든 영들이 사라진다. 한편 로종 전통에서 보살의 갑옷을 입는다는 의미는 아침에 세 번, 저녁에 세 번씩 매일 여섯 번을 두 가지 보리심에 대해 명상하는 것이다. 보통은 아침과 저녁에 세 번씩 삼보에 귀의하고 발보리심에 대한 시를 외운 후 두 가지 보리심에 대해 명상한다.

보살로 새롭게 태어나기

모든 탄트라의 제의는 보살이 되겠다는 결심(발보리심)과 보살이 되기 위해 지켜야 할 계율(보살계)을 받는 과정을 포함하고 있다. 왜냐하면 탄트라는 대승의 한 부분이며, 탄트라 수행은 보살의 마음(보리심) 없이는 불가능하기 때문이다. 보살의 서원과 보살계를 받기 전에 우리는 보통 삼보에 귀의하는 절차를 거친다.

우선 자리에 앉아 가장 낮은 지옥부터 가장 높은 천상계까지 육도를 상상해 보자. 육도 중 어느 곳에 태어났느냐는 사실 중요하지 않다. 천상계에 태어났다 해도 우리는 만족을 얻을 수 없다. 또한 최고의 천상계에 태어나도 언젠가는 낮은 차원으로 떨어지게 되어 있다. 결국 최종적인 유일한 해결책은 깨달음을 얻는 것이다. 그렇다면 우리는 어떻게 깨달음을 성취할 수 있을까? 그것은 붓다, 다르마, 상가에 귀의하는 것이다. 붓다는 윤회를 초월한 사람이다. 깨달음을 얻을 때만이 육도를 윤회하는 고통으로부터 자유로워질 수 있다. 그러므로 우리는 깨달음의 상태인 붓다와 깨달음으로 가는 길인 다르마, 그리고 그 길을 함께하는 친구인 상가에 귀의해야 한다.

— ***오, 영적 스승이시여. 이전에 모든 붓다들과 십지 보살이 그랬던 것처럼 저도 이제 깨달음을 얻겠다고 결심합니다. 부디 저 아무개(자신의 이름을 댈 것)에게 비할 데 없이 순수하고 완전한 깨달음을 내려주십시오. 비할 데 없이 순수하고 완전한 깨달음을 내려주십시오. 비할 데 없이 순수하고 완전한 깨달음을 내려주십시오.***

이것은 삼보에 귀의하는 시이다. 이 시를 읽을 때 모든 붓다들, 보살들, 조상들이 하늘에서 자신을 보고 있다고 상상한다. 그리고 불단 위에 있는 불상이 단순한 조각상이 아니라 깨달음의 세계로 들어가는 창이라고 생각한다. 우주 속에 있는 붓다들, 보살들, 조상들이 자신이 보살이 되겠다고 결심한 것을 보고 미소 지으며 기뻐하고 있다고 상상한 후 다음과 같은 귀의문을 반복한다.

— *오, 영적 스승이시여, 저의 말을 들으소서. 저 아무개(자신의 이름을 댈 것)는 지금부터 깨달음을 얻을 때까지 지구 위에 있는 지고의 존재, 붓다들에게 귀의합니다. 내적 평화와 자유를 가져다주는 다르마에 귀의합니다. 높은 경지를 성취한 지고한 승단에 귀의합니다.*

이 귀의문을 세 번 반복하는데, 시간적 여유가 있다면 더 많이 반복한다. 그리고 불단에 모셔진 불상을 깨달음의 창으로 생각하며 우주 공간에 있는 붓다들과 보살들, 조상들이 우리의 귀의를 보고 기뻐한다고 상상한다. 이러한 귀의를 통해 자신이 붓다와 다르마, 상가와 맺고 있는 관계는 원만해지고 완벽해졌다고 상상한다. 과거에 우리는 다르마를 수행하는 동안 어떤 실수나 잘못을 범했을 수도 있다. 따라서 이 같은 귀의를 통해 그러한 실수와 잘못을 깨끗이 정화한다. 우리의 다르마 수행에 그 어떤 결함도 없다는 것을 상상하며 몇 분 동안 관상한다. 이 같은 절차에 따라 보살이 되겠다는 결심을 한 다음에는 보살계를 받고 실천해야 한다. 보살계를 받는다는 것은 위대한 대승의 수행자가 되었다는 것을 의미한다. 인도와 티베트에서 보살계를 받을 때는 오른쪽 무릎을 세우고 앉아 거기에 두 손을 모은다. 인도와 티베트 문화에서 이 자세는 존경을 표하는 것이기에, 그와 같은 자세를 취함으로써 존경심을 표하는 것이다. 그러나 존경심은 어떤 자세가 아니라 마음속에서 나온다. 어떤 자세를 취하는 것보다 중요한 것은 편안하고 명확하고 기쁜 마음을 갖는 것이다. 그리고 모든 붓다들, 보살들, 조상들이 우리의 맹세를 듣고 있다고 확신하는 것이다.

— *오, 열 방향에 계신 과거, 현재, 미래의 모든 붓다들과 보살님들, 제 말을 들으소서. 오, 영적 스승이시여. 제 부탁을 들어주소서. 저 아무개(자신의 이름을 댈 것)는 보시나 지계 선정과 같은 수행을 통해 제가 전생, 이생, 내생에 쌓은 좋은 카르마와 제가 다른 사람들이 다르마 수행을 하도록 도운 좋은 카르마를 모두 합쳐 하나로 만듭니다. 과거의 모든 붓다들과 보살들이 그랬던 것과 같이 이러한 공덕의 뿌리를 모두 모아 붓다가 되는 데, 보살이 되는 데 바칩니다. 이로써 저 아무개(자신의 이름을 댈 것)는 지금부터 깨달음을 얻을 때까지 보살처럼 살겠습니다. 보리심을 키워 완벽한 깨달음을 얻겠습니다. 자유가 없는 이들에겐 자유를 가져다주고, 속박된 이들을 해방시키겠습니다. 숨을 쉴 수조차 없는 이들에게는 숨을 틔워주겠습니다. 저는 깨달음을 향해 나아갈 뿐만 아니라 모든 존재를 깨달음으로 이끌겠습니다.*

모든 붓다와 보살이 이러한 우리의 맹세를 듣고 꽃을 던지고, 우리의 조상들도 이것을 보고 무척 기뻐한다고 상상한다. 육도의 모든 존재가 보살들로 태어났다고 생각하며 감탄한다. 보살이 된다는 것은 세상을 구하는 영웅이 되는 것이기에, 우리가 보살이 되려는 것에 대해 모두 크게 기뻐할 수밖에 없다. 보살이 되겠다는 강한 동기를 가지게 될 때, 우리는 한 명의 보살로서 새롭게 태어나게 된다. 관세음보살, 문수보살과 같은 이전의 위대한 보살들과 같은 운명을 갖고 같은 길을 걷게 되는 것이다. ●

☞ 이 책을 보시고 추가로 로종에 대해 공부하고 싶으신 분들은
티벳불교수행센터 자비미륵사로 연락 바랍니다.
Mobile: 010-2704-3435
E-mail: bokwang68@naver.com